Couverture inférieure manquante

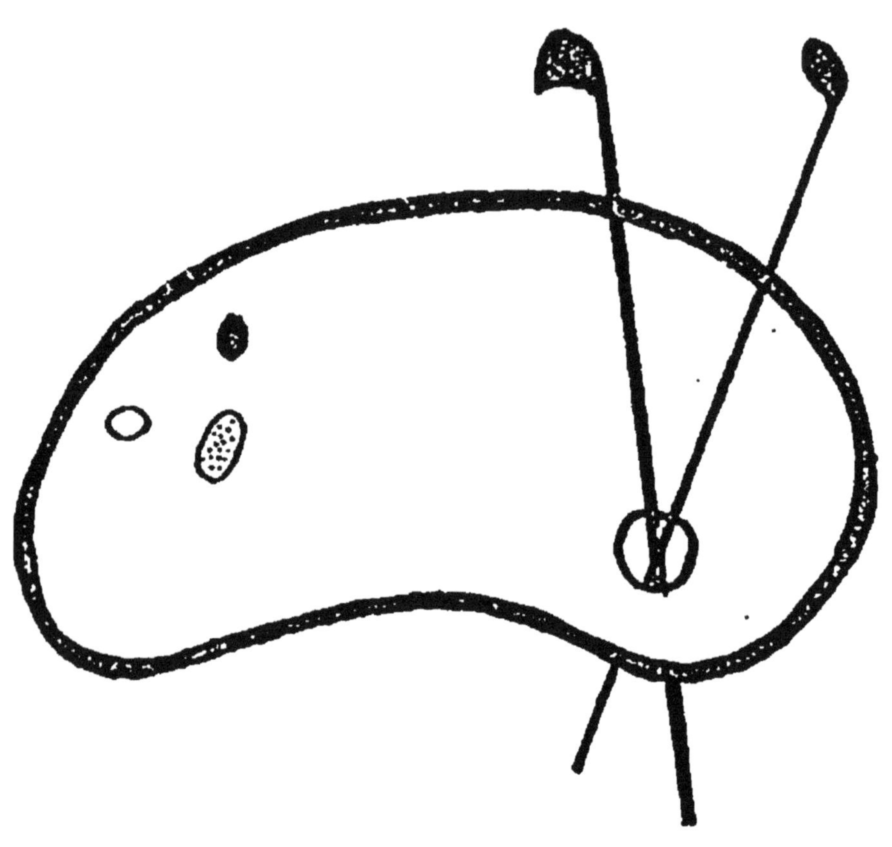

DEBUT D'UNE SERIE DE DOCUMENTS
EN COULEUR

Histoire Nouvelle

Populaire & Illustrée

DE

N.-D. DE LOURDES

Faite à Lourdes le 15 Août 1896

PAR LE RÉVÉREND PÈRE **M. Léon PORTES.**

CORDELIER MINEUR CONVENTUEL,
EX-PÉNITENCIER FRANÇAIS DE N.-D. DE LORÈTE,
P. F. DU SACRÉ COUVENT DE SAINT FRANÇOIS D'ASSISE,
CHANOINE HONORAIRE,
APPROUVÉ PAR LE T R P. MAÎTRE MARIE ANTOINE HYSLER,
EX-MINISTRE PROVINCIAL DE MALTE,
ANCIEN RECTEUR ET PÉNITENCIER DE LA SACRÉE PÉNITENCERIE
DE SAINT ANTOINE DE PADOUE
ET CURÉ DE LA PAROISSE DE ROCCADASSE, PRÈS DE GÊNES (ITALIE)

2e Edition

L'auteur, pour faire ce petit opuscule, a consulté : *La Chronique de la Ville et du Château de Lourdes*, par M. G. BASCLE DE LA GRÈZE, Chevalier de l'Etoile Polaire de Suède, et ancien Procureur du Roi à Lourdes ; l'*Histoire de Bernadette*, par M. Henri LASSERRE ; *Les Merveilles de Lourdes*, par Monseigneur DE SÉGUR ; le *Compte-Rendu* du discours de son Eminence le Cardinal-Archevêque Lecot, prononcé le 4 Avril 1894, lors du pèlerinage bordelais à Lourdes ; Jules TODEVIN, de l'Interrogatoire fait à Bernadette, par le Père Herman, sur ses visions de la Grotte ; le travail de A. DE LAPORTE ; le *Grand* nach de Lourdes sur les pèlerinages de Lourdes de 1891 ; le *Discours* nférencier Naudet, etc. etc , et plusieurs personnes qui ont vécu du de Bernadette, et, enfin, une Sœur de Nevers, qui avait préparé nadette pour recevoir le sacrement de la Confirmation et Jules DELALAIN, etc.

DAX
Impr. H. Labèque

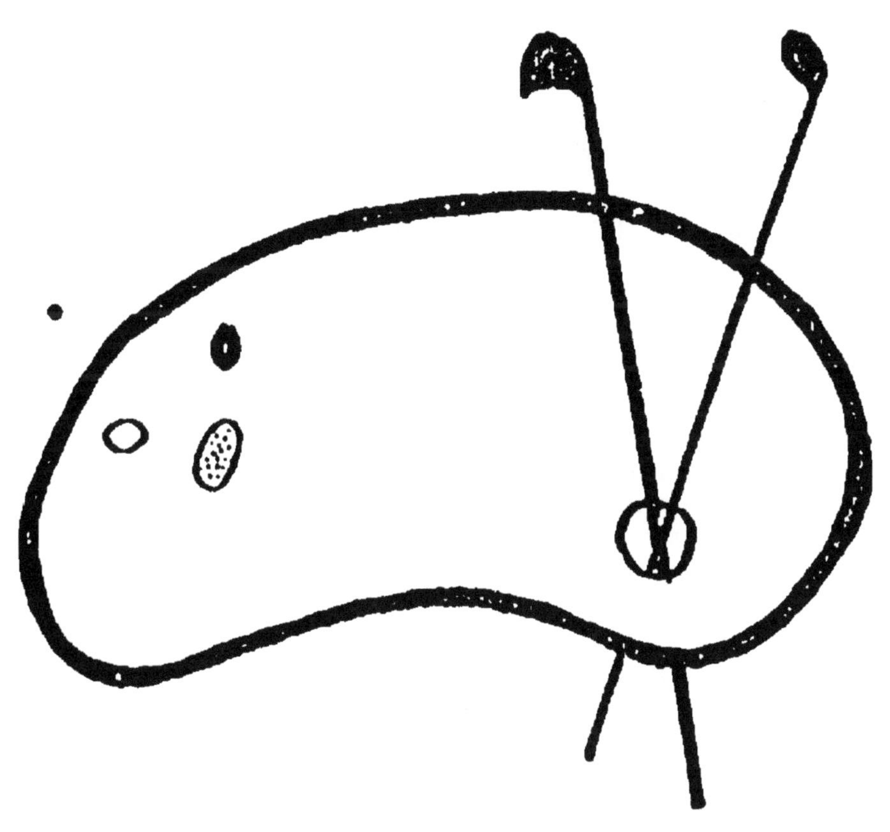

FIN D'UNE SERIE DE DOCUMENTS
EN COULEUR

HISTOIRE NOUVELLE

Populaire et Illustrée

DE

otre-Dame de Lourdes

FAITE A LOURDES LE 15 AOUT 1896

PAR LE RÉVÉREND PÈRE **M. Léon PORTES,**

CORDELIER MINEUR CONVENTUEL,

EX-PÉNITENCIER FRANÇAIS DE N. D. DE LORÈTE,

DU SACRÉ COUVENT DE SAINT FRANÇOIS D'ASSISE,

CHANOINE HONORAIRE,

APPROUVÉ PAR LE T R P. MAÎTRE MARIE ANTOINE HYSLER,

EX-MINISTRE PROVINCIAL DE MALTE,

ANCIEN RECTEUR ET PÉNITENCIER DE LA SACRÉE PÉNITENCERIE

DE SAINT ANTOINE DE PADOUE

ET CURÉ DE LA PAROISSE DE BOCCADASSE, PRÈS DE GÊNES (ITALIE)

DEUXIÈME ÉDITION

Contenant tout ce qui s'est passé à Lourdes avant et pendant l'existence de Bernadette Soubirous ; Le récit d toutes les apparitions de la Ste-Vierge à Bernadette par Bernadet' elle-même au Père Herman ; Les paroles prononcées par Bernadette et par la Ste-Vierge à la Grotte ; Un coup d'œil sur les Processions aux Flambeaux et Eucharistiques à l'intérieur et à l'extérieur des églises ; Des détails sur la vie laïque et monastique et sur la mort de Bernadette ; Des détails sur les Piscines, sur les bureaux de constatations des miracles, sur la belle Statue de la Grotte ; Un tableau synoptique des Chapelles des trois Eglises de la Grotte ; Enfin, un mot sur le beau séjour de Lourdes, sur ses riches monuments, sur le caractère des artistes de la ville et sur les curiosités de ses alentours.

DAX. — Imprimerie H. LABÈQUE, 11, rue des Carmes.

L'auteur, pour faire ce petit opuscu'e, a consulté : *La Chronique de la Ville et du Château de Lourdes*, par M. G. BASCLE DE LA GRÈZE, Chevalier de l'Etoile Polaire de Suéde, et ancien Procureur du Roi à Lourdes ; l'*Histoire de Bernadette*, par M. Henri LASSERRE ; *Les Merveilles de Lourdes*, par Monseigneur DE SÉGUR ; le *Compte-Rendu* du discours de son Eminence le Cardinal-Archevêque Locot, prononcé le 4 Avril 1894, lors du pèlerinage bordelais à Lourdes ; Jules TODEVIN, de l'Interrogatoire fait à Bernadette, par le Pére Herman, sur ses visions de la Grotte ; le travail de A. DE LAPOITE ; le *Grand Almanach de Lourdes* sur les pèlerinages de Lourdes de 1894 ; le *Discours* du Conférencier Naudet, etc. etc , et plusieurs personnes qui ont vécu du temps de Bernadette, et, enfin, une Sœur de Nevers, qui avait préparé Bernadette pour recevoir le sacrement de la Confirmation et Jules DELALAIN, etc.

APPROBATIONS

Par le très Révérend Père Provincial Angelo Fratelli, pénitencier apostolique de la Basilique de Saint-Pierre à Rome :

8 Octobre 1895.

J'ai reçu l'*Histoire Populaire et Illustrée de Notre-Dame de Lourdes* ; je vous en remercie infiniment, et je me réjouis de la composition de votre ouvrage.

Fra Angelo FRATELLI, Minor Conventuale.

Roma, 8 octobre 1896, 145, Piazza Scossavavalli.

Très cher Père Léon Portes,

Je n'ai pas à vous dire combien m'a fait plaisir l'*Histoire Nouvelle Populaire et Illustrée de Notre-Dame de Lourdes*, pour laquelle je rends les plus vives actions de grâces à votre Révérende paternité. J'ai lu avec plaisir cet opuscule qui devra certainement réussir à votre grande satisfaction et à celle des fortunés pèlerins qui viennent de tous les points du globe avec une si grande foi, pour visiter ce célèbre sanctuaire où la Vierge Immaculée paraît avoir établi son trône pour répandre sur le peuple fidèle ses grâces abondantes. Je me réjouis avec votre paternité Révérendissime, de ce que vous savez écrire de si belles, si saisissantes paroles pleines d'édification. Je prierai la Vierge Immaculée de vous accorder la faveur de retirer de votre ouvrage toutes les satisfactions que vous avez droit d'en attendre ; je le bénis et je l'approuve de grand cœur.

Le Révérendissime Père Maître M. HYSLER,

Mineur Conventuel, Curé de Boccadasse, près de Gênes.

9 Juillet 1896.

Révérend et cher Père Portes,

Je suis très sensible à votre bon souvenir. Je vous remercie de l'envoi de votre opuscule sur Notre-Dame de Lourdes. Je le lirai avec plaisir, je vous félicite d'employer si bien et si pieusement les loisirs que le Seigneur vous a faits.

La dévotion à la Vierge Immaculée et la dévotion du Sacré-Cœur de Jésus sont notre joie et notre consolation dans ces temps troublés.

Veuillez agréer, très Révérend Père, l'assurance de mes sentiments affectueux.

L'Abbé LAFORGUE, Vicaire Général de Tarbes,

31 Juillet 1895.

Infatigable Révérend Père Portes,

Je vous envoie ma reconnaissance respectueuse et affectueuse pour l'envoi de votre notice sur Lourdes. Je l'approuve et la bénis de tout cœur.

Paris, Séminaire d'Issy-sur-Seine (au Moulino).

20 Juillet 1895.

M. BENOIT,

Prêtre de Saint-Sulpice, ancien Vicaire Général et Chanoine honoraire de Mgr l'Evêque de Tulle, et aujourd'hui supérieur du Petit Séminaire d'Issy-sur-Seine.

Cher Père et Ami Portes,

Mille mercis de votre aimable lettre. Nous vous félicitons bien sincèrement du bonheur que vous avez d'habiter dans ces lieux bénis du Ciel, au sein de toutes ces merveilles qui vous font une existence plus céleste qu'humaine sous les regards maternels de l'Immaculée, dans une atmosphère de grâces et de miracles; à mon avis c'est une immense faveur de notre Mère du Ciel que vous avez reçue.

Vous savez lui être reconnaissant, vous avez travaillé à la faire aimer et bénir dans votre brochure aussi pieuse qu'intéressante et instructive. Je vous félicite franchement de votre œuvre Vous avez su la varier de la manière la plus heureuse et l'embellir comme de perles par les citations es mieux choisies, les plus saisissantes. J'ai parcouru avec un réel plaisir ces pages, sans doute d'un ami, mais aussi très attachantes, que liront avec bonheur tous les amis de Notre-Dame de Lourdes, et ils sont nombreux. Vous ne sauriez faire mieux que de consacrer vos loisirs à glorifier l'auguste reine des Pyrénées, notre cher pays. Elle vous les rendra par ses douces bénédictions. Priez-la, bon père, priez-la pour vos amis, afin que nous puissions devenir ce que nous devons être pour elle et son divin Fils.

LAGE, Curé d'Ychoux.

Ychoux, 29 Août 1895.

HOMMAGE

A Jésus, notre Rédempteur, à sa bonne et tendre Mère et à la Religion Catholique, Apostolique et Romaine.

Honneur, respect, amour et gloire à Notre-Seigneur Jésus-Christ, à sa divine Mère, à Sa Sainteté le Pape Léon XIII, son digne et auguste représentant sur la terre ; et entière et pleine soumission à notre sainte Religion Catholique, Apostolique et Romaine.

Sainte Religion, seul écho des deux mondes,
Auxquels l'homme appartient par le corps et l'esprit,
Toi qui donnes du prix à toutes les secondes,
Au moindre mouvement du cœur qui t'obéit.

Véritable élément, où se refait la vie,
Toi qui nous en fais saisir le principe et la fin,
Fais que de ton banquet, auquel Dieu nous convie,
Nous sortions plus heureux, quel qu'en soit le destin.

Unique expression de la pensée intime,
Que manifeste un Dieu créant tout par amour :
Montre-nous le guidant l'univers sur l'abîme,
Et fais qu'il soit payé par nos cœurs de retour.

Qu'il règne sur l'esprit, comme sur la matière,
Que son Éternité dure encor dans le temps,
Que nul acte n'en brise en nous la loi première,
Qui les veut dignes tous de ce Dieu tout-puissant.

Plutôt que hors de Dieu cesse notre existence,
Que rien ne garde ici la trace de nos pas,
Que le néant jamais n'insulte à sa puissance,
Et que l'être créé vive après le trépas !

Qu'il vive pour louer sa grandeur infinie,
Pour exalter l'éclat de ses perfections,
Pour s'abîmer en Dieu, source de toute vie,
Après avoir vaincu ses folles passion s!

L'horizon s'élargit, quand vers Dieu monte l'âme,
Cœur, esprit, tout s'empreint de cette immensité,
Et le ciel de la vie à son couchant s'enflamme,
Des premières lueurs de son éternité.

Et c'est toi qui conduis à cette fin dernière,
Religion du Christ ! Oh ! sublime chemin !
Toi, qui transformes l'acte en une humble prière
Quand l'ouvrier l'accomplit à ton flambeau divin.

Toi qui fais que pour lui l'éternité commence,
Que dis-je, dans le temps même avant le trépas,
Quand il s'unit à Dieu, qu'il vit en sa présence,
Sans songer à ses sens, comme s'ils n'étaient pas.

Elève jusqu'à lui notre unique pensée,
Jusqu'à lui le moindre acte où notre être se peint,
Et fais finir en lui notre œuvre commencée,
La conformant en tout aux lois de l'esprit saint.

Fais que tous les désirs que l'on a dans la vie
S'accomplissent selon sa ferme volonté,
Et qu'au sien notre esprit toujours s'identifie
Dès que l'intention guide sa liberté.

Alors plus satisfait, en paix avec nous-même,
Faisant à tous le bien qui dépendra de nous,
Seigneur, nous attendrons la justice suprême
Sous ton sourire ou ton courroux.

Le R. P. M. Léon PORTES, M. C.

CHAPELET DE LA BONNE MORT

Récité devant Notre-Dame de Lourdes à la Grotte Massabielle

Et CANTIQUE

Chanté ou récité pendant la récitation du chapelet

1º Je crois en Dieu...

REFRAIN DU CANTIQUE ADRESSÉ A NOTRE-DAME

Notre-Dame de Lourdes écoute la prière,
La prière et les chants
Que t'offrent à l'envi, les Français, tendre Mère,
Les Français, tes enfants.

—

PREMIER COUPLET, *Première dizaine de Chapelet*

Soutiens la foi, réveille l'espérance,
Donne à l'Eglise un triomphe immortel,
Et qu'aujourd'hui la catholique France,
Comme jadis, soit le soldat du Ciel.

DEUXIÈME COUPLET, *Deuxième dizaine*

Près du rocher, témoin de tes oracles,
Depuis six ans que tu nous attendais,
Nous t'apportons, ô Vierge des miracles,
Les cœurs vaillants de ton peuple français.

TROISIÈME COUPLET, *Troisième dizaine*

Quand le Français auprès de ton image
Déposera sa couronne de fleurs,
De son foyer écarte tout nuage,
Et de son front écarte les douleurs.

QUATRIÈME COUPLET, *Quatrième dizaine*

Lorsque l'infirme, à ta chapelle sainte,
Traîne à pas lents son corps endolori,
Prête l'oreille à sa touchante plainte,
Et réponds-lui : Je le veux, sois guéri

CINQUIÈME COUPLET, *Cinquième dizaine*

Vois l'ennemi Satan rôder sans cesse
Comme un lion qui veut nous dévorer ;
Mère, au secours ! Arme notre faiblesse,
Viens avec nous, combattre et triompher.

SIXIÈME COUPLET, *Sixième dizaine*

Quand nous verrons l'heure dernière
Où le trépas nous fermera les yeux,
Marie, accours, et dans tes bras de Mère,
Emporte-nous de l'exil dans les Cieux.

Par le R. Père Léon PORTES, M. C., Prêtre religieux, faisant partie de la Société des Prêtres qui prient pour les pécheurs et pour les âmes du purgatoire.

PRÉFACE

Pour ne pas rester complètement étranger à ce qui s'est passé autrefois dans la ville de Lourdes, nous parlerons légèrement, dans notre petit travail, de la protection accordée à cette ville au moyen-âge, par la Sainte Vierge, du caractère des habitants à cette époque, de son église primitive et du fort de Lourdes quand il eut à soutenir des assauts et des guerres contre les Sarrazins, contre Charlemagne, contre les Anglais, contre ses voisins et, intérieurement, contre ses capitaines et ses consuls. Nous relaterons la fin de la guerre des Anglais, celle des Montagnards, et enfin la paix conclue au château de Lourdes. Nous parlerons aussi, plus particulièrement, de l'église paroissiale de Lourdes, en nous étendant depuis les dates les plus anciennes jusqu'à nos jours. Nousdirons ce qu'était l'habitant pendant l'enfance de Bernadette, en décrivant son caractère, ses mœurs et ses habitu. des. Plus loin, nous dirons quelques mots des ouvriers de Lourdes, des architectes qui ont tracé le plan des trois églises, de l'architecte qui en a surveillé tous les travaux, et enfin des piscines, des buvettes, des magasins de la Grotte.

O Vierge immaculée, trésor de la ville de Lourdes et du monde entier, daignez, nous vous en supplions, bénir et protéger notre modeste travail afin que, après avoir raconté les quelques faits que nous avons vus dans ce beau et miraculeux sanctuaire, et consulté les auteurs, qui eux-mêmes ont fait des recherches historiques et archéologiques, sur les mystères de la Bastille des Pyrénées, sur les forts et les privilèges du moyen-âge, sur les légendes, etc., etc., que nous fournit particulièrement M. G. Bascle de la Grèze, Chevalier de l'Etoile polaire de Suède, procureur du roi à Lourdes; sur la tradition contemporaine, et enfin sur ce que nous avons vu dans les merveilles qui se sont opérées depuis l'apparition de la Sainte Vierge à Bernadette Soubirous, l'étranger puisse, en rentrant chez lui, dire à ses parents, à ses amis et même à ses pires ennemis : « J'ai visité Notre-Dame de Lourdes, ce charmant pays, vrai séjour de délices, de joie et de bonheur. C'est là que je voudrais finir mes jours. Désormais dans ma vie, je n'aspirerai qu'après l'heureux moment d'y revenir le plus souvent qu'il me sera possible ! »

Avec cette nouvelle Histoire qui peut être considérée comme un guide, l'étranger pourra visiter les trois églises qui se dessinent merveilleusement à travers ce délicieux ensemble de travaux d'architecture, d'agréables allées de verdure et de promenades toutes éclairées le soir au gaz, et il se rendra ainsi un compte très exact du nombre des chapelles qui sont dans chaque église, et des saints et saintes à qui elles sont dédiées, du plan intérieur de chaque église, et même du plan extérieur de ces trésors majestueux. Nous lui offrons encore une petite notion sur les processions aux flambeaux et les processions eucharistiques, les miracles et les efforts de la police préfectorale pour détruire, au début, le pèlerinage à la grotte. En parcourant cette histoire, il trouvera quelques détails sur Bernadette et ses visions, et il verra ainsi la confiance qu'il peut accorder à la Sainte Vierge qui l'appelle à Lourdes, et à son Fils qui lui a en quelque sorte ouvert le trésor de ses grâces, grâces que souvent il y distribue Lui-même !

HISTOIRE NOUVELLE, POPULAIRE ET ILLUSTRÉE

DE

N.-D. de Lourdes

Armes de la ville de Lourdes
Banc de l'église St-Pierre du temps des Consuls

Lourdes porte deux gueules à trois tours d'or, massonnées de sable, sur un roc d'argent ; celle du milieu plus élevée, surmontée d'une aigle de sable éployée, membrée d'or, tenant au bec une truite d'argent.

Fondation du Fort

On croit généralement que le Fort de Lourdes, qui existait du temps des Albigeois, de Simon de Monfort et du Pape Innocent III, en 1198, a été fondé, ou par Eudes, duc d'Aquitaine, qui vécut sous Clotaire IV, en 717, et qui vainquit l'Emir Abdérame, gouverneur sarrasin d'Espagne, qui l'avait attaqué devant Toulouse en 721, car il fut vaincu à son tour par ce même Abdérame qui s'empara de Béarne, d'Aire, d'Auch, de Lapurdum, du Comté de Comminges et de Foix ; mais Eudes, aidé par Charles Martel, vainquit et tua l'émir Abdérame à la bataille sanglante de Poitiers, livrée le 7 octobre 732.

Pourtant la légende, dit Lagrèze, veut que le Fort de Lourdes ait été bâti par Lapurda, sœur de Tarbis, reine d'Ethiopie, qui était venue s'établir au pied des Pyrénées sur les rives de l'Adour où elle bâtit une ville qui encore aujourd'hui porte son nom Tarbes ; car, Tarbis, poursuit Lagrèze, l'envoya bâtir le château de Lourdes qui tira son nom, Lapurdum, de celui de sa fondatrice. Ce qui arriva du temps de Pharaon sous son général Moïse vers 1645. (Lagrèze page 17).

Mais au mois de janvier 1844 on a trouvé, dit Lagrèze, un chapiteau de marbre portant cette inscription : D. M. Primulus. Prim. F. Sibis et Uxori. REÇVNDO. FIL. ISSIMO, l'explication de cette inscription indique clairement l'occupation romaine du Château de Lourdes. Donc c'est un fait acquis que les Romains sont venus à Lourdes. (Lagrèze page 25).

———

Premier Miracle opéré par la Sainte Vierge sur la ville de Lourdes, et reddition du château de Lourdes, appelé de Mirambel, par le gouverneur Sarrazin Mirat. Texte original retrouvé aux archives de Pau, traduit du latin en français par Lagrèze.

Charlemagne, roi des Français et empereur des Romains, s'était emparé de la cité et de tout le comté de Morra, sauf le château de Mirambel, qu'il tenait assiégé depuis longtemps sur trois points différents : du côté de Ferragut, du côté d'Hypolite et du côté de Saint-Georges.

Mirat, gouverneur et seigneur de Mirambel, fut plusieurs fois sommé de se rendre, et de devenir chevalier de Charlemagne, après avoir reçu le baptême ; mais il répondit à chaque sommation que, tant qu'il aurait la possibilité de se défendre, jamais il ne consentirait à se soumettre à un mortel quelconque.

Le roi, fatigué des ennuis d'un long siège, songeait à se retirer. Mais Sainte Marie, Mère de Dieu, Notre-Dame du Puy-en-Velay, invoquée par d'humbles prières, opéra un miracle de grâce... Un aigle tenant dans ses serres un énorme poisson du lac' l'avait déposé intact sur une des parties les plus ·élevées du château, qui conserve encore aujourd'hui le nom de pierre de l'aigle. Le commandant, justement étonné, se hâta de l'envoyer à Charlemagne, en lui faisant dire qu'il se trompait fort, s'il espérait le réduire par la famine, tant que son vivier lui fournirait de si beaux poissons. Le roi fut tout à fait déconcerté ; mais l'évêque du Puy, devinant la vérité, rassura Charlemagne et lui dit : « Prince, la Mère de Dieu, Sainte Marie du Puy, commence à opérer merveilleusement », et le roi répondit : Qu'il en soit ainsi ! »

Et alors l'évêque, comme bon serviteur et ambassadeur de la dite dame Sainte Marie, s'en vint trouver Mirat, et entre autres paroles, lui adressa celles-ci : « Mirat, puisque tu ne veux pas reconnaître un maître, reconnais du moins une maîtresse. Rends-toi à la plus noble dame qui fut jamais, la Mère de Dieu, Sainte Marie du Puy. Je suis son serviteur, deviens son chevalier ! »

A ces mots, Mirat, déjà éclairé d'en haut par un rayon de grâce, lui dit : « Je rends les armes, et je me livre avec tout ce qui m'appartient à la Mère du Seigneur, à Sainte Marie du Puy. Je consens en son honneur à me faire chrétien, et à devenir son chevalier ; mais j'entends m'engager librement, et je veux que mon comté ne relève jamais que d'Elle seule, soit pour moi, soit pour mes descendants. L'évêque, diplomate par excellence, prit dans ses mains une poignée du foin du pré sur lequel il se trouvait dans ce moment avec Mirat, et ajouta : « Ne veux-tu rien accorder en signe d'hommage à la Mère de Dieu ? Offre-lui du moins ces brins d'herbes, pour montrer que tu deviens son vassal. » Mirat répondit : « Je n'ai pas de conseil à prendre de toi, j'accorderai ce que je voudrai. » Il en sera ainsi, répliqua l'évêque.

Alors celui-ci, revenant auprès de Charlemagne, lui demanda ce qu'il lui plairait de faire. Le roi, ayant réuni son conseil, fit cette réponse : « Il me plaît que tout hommage soit rendu à Notre-Dame du Puy, et j'accorde qu'il en soit ainsi. » Et l'évêque alla rejoindre Mirat, et les conventions furent arrêtées.

Mirat et tous ses soldats, mettant des guirlandes

de foin au fer de leurs lances, en signe de la
soumission de la place, se rendirent aux pieds de
Sainte Marie du Puy et firent litière de ce foin en
l'honneur de la Mère de Dieu. Mirat obtint le titre de
Chevalier pour lui et ses enfants, et il reçut au
baptême le nom de Lorus. Tous ses biens lui furent
remis, et il reprit possession de Mirambel, suivant
l'usage des gentilshommes, et il donna son nom au
château qui, à partir de ce jour de l'année 778, porta
le nom de *Lordum,* c'est-à-dire château de Lourdes.

Nous aurions pu encore intéresser l'étranger,
avant de raconter ce miracle, en lui parlant très
succinctement des divers noms donnés à la ville de
Lourdes et leur étymologie. C'est bien à regret que
nous le renvoyons au célèbre livre de M. de Lagrèze,
où l'on retrouve le temps fabuleux de Lourdes, son
étrange origine, la fondation du château, l'invasion
romaine du temps de Jules César, de Crassus et du
tribun Lapurdum, d'où le nom de *Lapurdum de
Mirambel de Lorda,* les erreurs du baron Taylor, le
Castera de Julos, les opinions des savants sur les
anciens camps, la Novempopulanie, les découvertes
récentes des médailles romaines et des inscriptions
sépulcrales, les belles-lettres, les explications inédites
du secrétaire perpétuel de l'Académie, l'invasion des
Barbares, particulièrement celle des Sarrazins, la
lande des Maures, la légende de Missolin, le siège
du château de Mirambel par Charlemagne, le château de Lourdes et ses alentours au moyen-âge, du
temps des Normands, des Albigeois, de l'invasion
anglaise et de la vente de Lourdes par l'église du
Puy à Henri III, roi d'Angleterre, la donation du
château, le comte de Leicester, le roi de Navarre et
ses prétentions sur Lourdes, les regrets, les querelles,
la trêve et la mort du comte de Leicester, le parle-
ment de Paris, la Bigorre incorporée au royaume de
France sous Philippe-le-Bel, le traité de Brétigny, la
reconnaissance du Prince Noir d'Angleterre sur les
consuls de Lourdes, la domination confiée à Messire
Arnaud de Béarn, la guerre du roi d'Angleterre, la

résistance du château de Lourdes, la guerre des capitaines, le nouveau siège du château de Lourdes par les Anglais, la fin de la domination anglaise, la fin des guerres de religion, les nombreux sièges du château de Lourdes et la formidable résistance de ses chefs, la guerre des Montagnards avec les consuls du château et la paix proclamée par les états généraux de Bigorre, convoqués au château de Lourdes...

Nous abandonnons ce soin à Monsieur G. Bascle de la Grèze, Chevalier de l'Étoile polaire de Suède, ancien procureur du roi à Lourdes, qui a réuni et raconté avec beaucoup de succès tous ces faits historiques puisés sur les meilleurs auteurs qui avaient traité ces matières dans une brochure imprimée à Pau en 1845, chez M. E. Vignancour. (1)

Tous ces détails très intéressants, et même bien curieux, auraient pu, nous en sommes sûrs, plaire à notre lecteur, mais en lui présentant cet opuscule, nous nous sommes proposés plutôt d'arrêter son attention sur des objets et des sujets capables de fournir et donner à son cœur des charmes plus aptes à l'intéresser bien autrement ; car nous lui raconterons en peu de mots les merveilles qui se sont accomplies avant, pendant et après la vision de Bernadette Soubirous à la Grotte et dans la ville de Lourdes.

Caractère des Habitants de Lourdes

Essayer d'esquisser quelques traits des mœurs et du caractère des habitants de Lourdes, est une entreprise bien difficile, si l'on veut surtout dire la vérité, et la dire sans déplaire à quelqu'un : aussi l'on pourrait ajouter, que mieux vaudrait garder le

(1) *Affranchissement de la commune de Lourdes. Cartulaire de Saint-Pé, 1117.*
Lorda d'incredibile fortezza, (Oyenart, historien vasconais) levitania viae comitatus caput est. Lorda veteri arce munitissima. — Tirée de la relation de Jean Botero, Venitia, page 18, 1628.

silence que parler. Cependant, comme cette population n'a guère été flattée par ceux qui ont tracé avant nous son portrait, ce silence serait pour nous bien pénible. Voilà pourquoi nous disons que ce que les habitants de cette ville ont de mal est connu. Pour nous, nous nous attacherons à reconnaître aujourd'hui ce qu'elle a de bien. Voici ce qu'écrivait l'intendant de la province, M. Fornets, au sujet des habitants de Lourdes, dans un mémoire adressé à un ministre, à Versailles, en 1772 :

« J'ai l'honneur de vous prévenir que la ville de Lourdes est la ville de vos généralités, où il y a des citoyens même très dangereux. Je ne les ai jamais vus qu'agités par des passions violentes, cherchant à se dominer, à se perdre, à se déchirer par des écrits remplis de noirceur, dédaignant l'autorité et cherchant à compromettre ceux qui l'ont. » (1)

En un mot, les habitants de Lourdes avaient anciennement de bonnes qualités, et aussi les défauts qu'avaient les races montagnardes d'autrefois. Ainsi on doit remarquer chez eux de la fierté, de la rudesse, des haines et des amitiés bien prononcées, des relations de voisinage fidèlement observées, mais des rapports de société fort négligés, et on tournait en dérision la cape bigorraise. Saint Paulin nous dit qu'on l'avait reléguée dans les villages

---

Civilisation des Habitants de Lourdes

Depuis que l'élégance de la vie, longtemps ignorée dans ces parages, a envahi le sol montagnard de Lourdes, les filles et les garçons ont, eux aussi, suivi le nouveau progrès. Ainsi, la jeunesse ne conserve plus que la simplicité : la jeune fille, pour aller à l'église a son petit capuchon noir, et le jeune homme son béret. L'habitant de Lourdes a en quelque sorte

(1) DE LAGRÈZE.

changé d'habit, mais il n'a pas changé de mœurs. Il a toujours gardé sa simplicité ordinaire ; son caractère, toujours mâle et rude, a fait de lui une personne attachée à la religion. Il est encore dit de lui que jamais la religion catholique ne lui fit défaut.

Ainsi, s'il est vrai qu'on peut dire que la civilisation fait grandir et perfectionne le cœur chrétien dans tous les pays, nous pouvons dire, avec raison, que depuis que la Sainte Vierge apparut à Bernadette Soubirous, la ville de Lourdes s'étant triplée, son esprit a pu grandir et se développer, ses richesses augmenter, grâce aux grandes faveurs que la Sainte Vierge a daigné répandre sur cette belle ville, qui est devenue aujourd'hui une cité charmante, un pays délicieux. Sous tous les rapports, l'habitant de Lourdes n'a jamais dégénéré par sa manière de vivre, par ses mœurs et par son caractère ; il s'est toujours tenu à la hauteur à laquelle la noblesse du caractère de ses ancêtres l'avait élevé.

Aujourd'hui, comme autrefois, l'habitant de Lourdes est affable, complaisant, bon et charitable envers l'étranger, toujours prêt à servir tout le monde, et à traiter amicalement le riche et le pauvre et à procurer à tous les étrangers le meilleur bien-être possible.

Église paroissiale de Lourdes

Nous lisons que, dans les temps les plus reculés, l'église de Lourdes n'a jamais fait mal parler d'elle ; au contraire, elle fleurit loin du bruit et des querelles, elle vient de nous en donner un exemple bien frappant Dans tous les pays il y a eu et il y a souvent des faiseurs. Un de ceux-là s'est présenté à Lourdes ; c'est le romancier Zola. Venu à Lourdes on ne savait encore dans quel but, il reçut, comme tout le monde, un bon et loyal accueil ; mais, ayant décliné son nom, l'habitant de Lourdes s'enquit de ce qu'il était venu faire chez lui ; et après avoir appris qu'il n'y était que dans le but de tourner en dérision ce qui s'était passé à la Grotte, on se désillusionna bien vite, et bientôt, non seulement on l'interrogea, mais on voulut savoir ce qu'il devait faire ; de la bonté et de la charité, on passa aux questions sérieuses, et le romancier dut quitter la place, fuir... car les sarcasmes venaient de toutes parts. Oui, tout penaud, il fut forcé de partir de Lourdes sous les huées qu'on entendait sortir de partout.

L'église paroissiale de Lourdes est dédiée à Saint Pierre. Elle n'a d'autre mérite que son antiquité. En enlevant dernièrement le maître-autel, pour le remplacer par un bel autel de marbre du pays, on a découvert une vieille pierre sur laquelle se trouvait gravé le millésime 1003. C'est en effet vers la fin du Xe siècle, au temps de Centulle le Vieux, que le Béarn et la Bigorre se peuplèrent de belles églises et de riches monastères

La fin du 1er millénaire, regardée par les terreurs populaires comme devant être la fin du monde, avait encore excité davantage l'élan religieux de cette époque malheureuse, à Lourdes.

L'architecture de l'édifice d'alors n'avait rien de remarquable dans cette petite ville de guerre, située au milieu des montagnes. Aussi disait-on qu'on s'occupait moins de décorer le temple que de le fortifier. On ne trouvait pas de sculpture au dedans, mais, au dehors, on voyait des clochers extraordinaires. Ainsi l'église de Lourdes, remontant au XIVe siècle, avait cinq tours, mais quatre étaient sans cloches. Cet ornement subsistait, disait-on, pour éterniser la mémoire de ses bienfaiteurs. L'église de Lourdes, qui était enfermée dans l'enceinte fortifiée, fut souvent mutilée et quelquefois incendiée, lors des feux allumés par des assauts du château-fort de la ville. Son style primitif a dû disparaître presque entièrement dans les reconstructions nouvelles.

Respect pour l'Église et son enceinte

Le respect pour l'église était et a toujours été à Lourdes en grand renom, car on rapporte qu'à une époque très reculée, les Comtes de Bigorre s'asseyaient, pour rendre la justice, sous le vieil ormeau séculaire qui servait d'ornement au porche de l'église de Saint-Pierre de Lourdes C'est là, encore, qu'ils venaient recevoir l'hommage annuel du vicomté d'Asté. (1)

La nomination du curé de Lourdes était faite par la commune Les consuls avaient droit aux offrandes des fêtes solennelles. On trouvait encore des chapelles au fort, à l'hôpital et dans d'autres endroits de la ville. L'aumônier du fort réclamait de temps en temps, dit-on, la moitié des revenus de l'enterrement pour arranger son église et ses chapelles ; si, quelquefois, il y avait quelque différend entre eux, jamais il n'était poussé à l'excès.

Ce qu'il y a à remarquer dans les habitants de Lourdes, c'est qu'ils n'abjuraient pas facilement la foi de leurs pères. Voilà pourquoi, dans tous les temps, on a admiré cette ardente population privilégiée de Lourdes ; ainsi. l'histoire ancienne de cette ville rapporte qu'avant les invasions et pendant la Révolution, le curé de Lourdes comptait pour la communion pascale plus de 1400 communions ; et au temps pascal, l'Evêque était tenu de procurer à la ville de Lourdes un prédicateur pour prêcher, et que la ville payait 129 francs ; ce qui procurait un grand bien à la ville, pour l'engager à persévérer dans le bien (ce qu'elle faisait), car les habitants de Lourdes ont de tout temps regardé et même regardent aujourd'hui le curé de Lourdes comme leur véritable Père et leur vrai soutien, et on ne cite pas, dans l'histoire, de prêtre qui ait démérité de ces beaux et glorieux titres.

---

(1) DE LAGRÈZE.

Confréries établies dans l'Église paroissiale de Lourdes

Les confréries ont toutes un but réel d'utilité, et le peuple en s'éclairant, loin d'en diminuer le nombre, n'a fait que l'augmenter. On fait remonter l'origine des confréries de Lourdes au XIV° et au XV° siècles. Celle de Notre-Dame et de Saint Eutrope au 21 janvier 1448, celle de Sainte-Croix au 20 août 1521, et ces dernières ont augmenté de 9 autres.

Presque tout le peuple entre dans ces associations aussi philanthropiques que pieuses, et les ouvriers, qu'unit le nom de confrère, placent leur travail sous un céleste patronage, et font échange réciproque de secours et de charité.

Caisse des Marguilliers. — La caisse reçoit l'offrande hebdomadaire de l'ouvrier souffrant de maladie et de misère. Chaque confrérie, à l'exception de deux qui se partagent le maître-autel, ont des chapelles dont elles portent le nom, et qu'elles entretiennent par la quête le dimanche.

Ces confréries sont :

1° Celle de l'Immaculée Conception ;

2° La confrérie de Notre-Dame-de-Grâces, composée de laboureurs ;

3° Celle de Notre-Dame du Mont-Carmel, composée d'ardoisiers ;

4° Celle de Notre-Dame de Mont-Sarrat, composée de maçons et tailleurs de pierre ;

5° Celle de Sainte Anne, composée de menuisiers ;

6° Celle de Sainte Lucie, composée de tailleurs d'habits et de couturières ;

7° Celle de l'Ascension, composée de tailleurs de pierre ;

8° Celle du St-Sacrement, composée de marguilliers ;

9° Celle de Saint Pierre ;

10° Celle de Saint Jean ;

11° Celle de Saint Jacques ;

12° Celle du Rosaire ;

13° Celle du Tiers-Ordre ;

14° Celle de la Bonne Mort ;

15° Celle des Mères Chrétiennes.

16° Celle du Saint-Esprit.

17° Celle de Saint Louis.

Lac de Lourdes. Sa légende

1° *Tradition populaire.* — La ville n'existait pas autrefois à l'endroit où elle existe maintenant. Elle occupait l'emplacement envahi par le lac. Ce fait est consigné dans un vieux manuscrit (Lagrèze, p. 159) ;

2° Voici ce que racontent les vieillards du pays : Là florissait jadis une ville populeuse ; la pureté des mœurs des premiers montagnards vint un jour à se pervertir, d'effroyables désordres appelèrent sur cette cité corrompue la colère du Tout-Puissant. Cette nouvelle Sodome fut maudite ; des flammes ne tombèrent pas du Ciel pour la dévorer, mais des flots sortirent de la terre pour l'engloutir. Pendant que la vengeance divine s'accomplissait, une famille, qui avait trouvé grâce devant le Seigneur, évitait par la fuite le châtiment terrible infligé aux méchants. Mais une femme curieuse, comme aussi celle de Loth, voulut, malgré une défense d'en haut, tourner la tête pour regarder. Malheur à ceux qui, après avoir quitté les sentiers du mal, s'arrêtent pour jeter en arrière un regard de regret ! Victime de sa curiosité impie, cette femme fut changée en rocher sur la route de Poueyferré ;

3° D'après Grégoire de Tours, les montagnes pyrénéennes éprouvèrent, en 580, un effroyable tremblement de terre. (De Pyreneis montibus, p. 242) ;

4° Un historien espagnol rend compte d'un pareil événement survenu en 1378 ;

Le Père Kircher, dans son *Mondus Subterraneus,* page 278, dit que, au mois de Juillet 1661, la violence d'un tremblement de terre fut telle qu'une haute montagne de Bigorre disparut, complètement engloutie ; un lac surgit à sa place, et il n'en resta pas d'autre vestige.

5° Un autre auteur de la Bibliothèque des Philosophes, par Gauthier. t. II, page 102, s'exprime ainsi : « En 1678, un tremblement de terre fit enfoncer une des plus hautes montagnes des Pyrénées ; il fit sortir de l'eau avec force dans plusieurs endroits, qui formèrent autant de torrents entraînant rochers et arbres avec eux. On croit généralement que cette montagne de Bigorre, dont il est parlé, était une montagne voisine de Lourdes. Aujourd'hui même, au nord-est de la ville, se dessine un chemin sur la plaine, où l'on avait inutilement essayé de construire des bâtisses. C'était, autrefois, un marais appelé le Marais du Monge. Aujourd'hui, la verdure qui le couvre déguise un gouffre intérieur, qui existe toujours. »

6° Le savant Palassou, dans son *Essai sur la Minéralogie*, page 140, nous apprend que ce marais s'est formé par un affaissement subit et qu'un petit lac apparut dans l'endroit où s'abîma le terrain ;

7° En 1750, un tremblement de terre se fit sentir dans une grande partie de la France, mais nulle part il ne fut aussi épouvantable que dans les Pyrénées.

Description du tremblement de terre qui se passa dans les Pyrénées en 1750.

(Gazette *du 18 Juillet 1750*)

Dans la soirée du 24 Mai, un long mugissement, pareil au bruit sourd d'un lointain tonnerre, se fit entendre dans la vallée du Lavedan. Bientôt, ce frémissement souterrain fut suivi d'une commotion violente qui dura une minute. Le foyer de ce tremblement de terre, (suivant une relation de l'époque, 1750), semblait se faire remarquer entre St-Savin et Argelès.

Voici ce qui se passait spécialement alors à Lourdes (Gonzalez, Lagrèze) :

« Plusieurs maisons s'écroulèrent, ensevelissant sous leurs ruines de nombreuses victimes ; l'alarme fut portée à son comble. Les animaux exprimaient leur effroi par des plaintes sinistres, les oiseaux s'agitaient avec cette inquiétude qui les saisit aux approches de l'orage, plusieurs tombèrent morts; les chevaux hennissaient, les chiens hurlaient. Tout semblait sous l'impression d'une terreur profonde. Les rochers se brisaient et lançaient au loin leurs éclats, l'épaisse muraille du château se fendit, l'écurie du commandant, M. Berdous, fut renversée et la chapelle presque entièrement détruite. Toutes les maisons, sans exception, éprouvèrent de graves dommages.

« Les populations, épouvantées par ces grandes catastrophes, instituèrent, le 20 mars 1751, une procession pour apaiser la colère du ciel, et demander la cessation de ces calamités inouïes. »

Le lac de Lourdes, tel qu'il est aujourd'hui, est situé à peu de distance de la ville ; il a 6 kilomètres de circonférence et 9 mètres de profondeur. Des coteaux l'environnent et l'encaissent. Le trop-plein de ses eaux s'écoule par un petit canal, il ne tarit jamais ; il est alimenté par des sources invisibles. C'est un lieu favorable à la pêche en toute saison, et à la chasse pendant l'hiver.

A qui appartient ce Lac ?

Les Comtes de Bigorre regardèrent toujours le lac de Lourdes comme une dépendance du château, comme un attribut de leur souveraineté.

Dans les droits à la pêche du lac, comme dans tous les procès, la raison des Comtes de Bigorre fut toujours la meilleure, car ils étaient les plus forts.

Leurs successeurs, les rois de France, recueillirent dans leur héritage, la possession du lac et refusèrent de s'en dessaisir jusqu'à la Révolution. Aussi, jusqu'à cette époque, tous les ans, la pêche s'affermait au Palais des Tuileries. Le prix suivait une progression croissante. Il fut dans les trois dernières années, d'abord de 45 livres et 8 sous, puis de 138 livres et 5 sous et enfin de 240 livres.

Le baron de Navailles-Poueyferré avait longtemps sollicité, sans pouvoir l'obtenir, la concession du lac. Il appartient aujourd'hui à M. Joseph de Lacvivier, notaire à Agen, qui, lui-même, l'a cédé à un fermier de Lourdes.

Quelles espèces de poissons y prend-on ?

Lorsque les eaux sont poussées par le vent de l'ouest, des anguilles énormes se précipitent en grande abondance dans un grand réservoir destiné à les retenir. Les meilleurs poissons qu'on y prend sont des brochets d'une considérable dimension ; il en est qui pèsent de 12 jusqu'à 13 kilogrammes ; il y a des carpes. Rarement le lac de Lourdes se gèle : cependant il a été démontré qu'il s'était gelé l'hiver de 1830 et en 1891 en partie.

Rien de plus solitaire que les lieux qui l'entourent et rien de plus propre à incliner notre âme à la réflexion sur notre avenir, au milieu du majestueux silence de ces airs et de cette onde assoupie.

Curiosité des Grottes de Lourdes et de Saint-Pé

Après avoir passé le pont vieux, suivez un chemin tracé sur le flanc de la montagne, au pied de laquelle roule le Gave ; il conduit devant une jolie ferme à peu de distance de la ville. Près de cette ferme ornée de prairies et d'arbres fruitiers, est un rocher où se dessinent trois ouvertures ogivales qui donnent naissance à trois grottes, qui communiquent entre elles. Ce qui fait qu'elles n'en forment en quelque sorte qu'une seule. Les corridors et les salles souterraines ont peu de profondeur et ne répondent pas à la beauté du portique des trois entrées.

Dans cette grotte on trouve : 1° des échantillons de brèche osseuse qui se compose de fragments de roches, de débris, de bivalves maritimes et d'ossements plats et cylindriques, le tout fortement réuni par un ciment de pierre calcaire. Plus loin, vers l'ouest, on trouve la grotte dite du Loup. Celle-ci, plus vaste et plus jolie, a une entrée affreuse, mais l'intérieur est remarquable. A son entrée, la montagne ne présente qu'une fente, si étroite, une galerie si basse, que l'on ne peut y pénétrer qu'en se couchant sur le ventre et en rampant. Mais bientôt paraît devant vous un corridor qui s'élargit peu à peu, puis à une centaine de pas, il aboutit à une vaste salle, dont la voûte s'élève à une hauteur prodigieuse. Si l'on avance, on voit que tout-à-coup le sol s'incline brusquement et l'aspect d'un horrible abîme vous empêche d'aller plus loin. L'œil épouvanté n'ose plonger dans ce gouffre ténébreux ; il est d'usage d'y lancer une pierre, qui, par la lenteur qu'elle met à descendre, donne une idée de son effroyable profondeur.

Ces salles souterraines, dont les flambeaux ont peine à vaincre l'obscurité, sont peuplées par des légions infinies de chauves-souris ; les unes recouvertes du manteau de leurs ailes sont suspendues par les pieds de derrière à la voûte et aux parois, immobiles comme de noires stalactites, et les autres par milliers se réveillent effrayées et voltigent bruyamment au-dessus des têtes et les effleurent de leurs pattes ailées.

Grotte de l'Estelle et de Saint-Pé

Sur la même ligne de montagnes, on rencontre d'autres cavernes remarquables, notamment celle de l'Estelle et celle de Saint-Pé. Je ne parlerai pas de celle de l'Estelle, qui est bien connue des voyageurs, mais je m'occuperai de celle de Saint-Pé, parce qu'elle est plus rapprochée de Lourdes et parce qu'elle est très digne d'exciter la curiosité. — Avant d'arriver à la grotte, l'étranger voit au milieu de monticules, couverts de prairies naturelles et de champs fertiles, s'élever le mamelon où est située la grotte de Saint-Pé : il est d'une élévation considérable, composé de roches calcaires noircies et mutilées par l'action du temps ; à sa base est une épaisse verdure de buis, et son sommet présente un plateau circulaire de plus de 150 mètres.

Séparé de tous les autres, ce monticule offre aux deux tiers de sa hauteur, une ouverture triangulaire ;

et là, dans une excavation profonde, s'étaient réunies des eaux qui servaient à l'abreuvage des troupeaux des vallées voisines. Mais des chaleurs excessives étant survenues, finirent, il y a quelque temps, par dessécher complètement ce grand réservoir.

La curiosité fit que des pasteurs descendirent dans ce puits et le visitèrent. Et quel ne fut pas leur étonnement lorsqu'ils aperçurent un mur, construit de main d'homme, qui fermait l'entrée d'une grotte ayant démoli ce mur, les eaux qui avaient envahi l'intérieur de la grotte furent bientôt épuisées, et au grand plaisir de tous, on put parcourir cette demeure souterraine, depuis si longtemps inhabitée. Pour la connaître, prenons la peine d'entrer : A peine a-t-on franchi le seuil, on voit que la caverne s'élargit dans tous les sens, et à deux pas de son entrée elle se divise en deux parties : l'une, à droite, présente une large enceinte riche. Comme dans toutes les grottes vierges, on voit des milliers de stalactites, qui pendent de toutes parts avec des colonnes fantastiques. L'autre embranchement se prolonge dans le sein de la montagne du côté du nord-ouest, en forme de corridor. Ce corridor, d'une douzaine de pas de longueur, aboutit à une vaste salle, et l'entrée en est décorée par deux remarquables stalactites s'élevant du sol à la voûte. L'une a d'énormes proportions, et elle a une circonférence de 6 ^{m} 67 et l'autre de 1 ^{m} 80. On trouve dans cette salle sept bassins, et des ossements qui vont en amphithéâtre. On y découvrit des ossements qui semblaient dépendre d'un animal de forte espèce ; et la grotte, à cet endroit, a plus de 2 mètres de hauteur. Elle se termine par une galerie tellement étroite, que des enfants seuls peuvent s'y introduire. C'est à cet endroit que gisait une grande quantité d'ossements humains fortement incrustés dans des concressions pierreuses, et enveloppés d'une épaisse couche de chaux charbonatée ; ils étaient tellement incrustés dans la boue qu'on avait peine à les en détacher. On croit qu'ils appartenaient à des hommes qui avaient fait tout leur développement. Plusieurs de ces ossements ont été conservés par le docteur Dozous, de Lourdes, mais qui peut fixer l'époque ou indiquer par qui ils ont été mis là ?... Personne.

Portrait de Bernadette, par le P. Hermann

Je considérai tout d'abord cette petite paysanne, âgée de 12 ans. Elle était pauvrement vêtue, encapuchonnée de ce petit manteau blanc du Béarn, qui couvre la tête et descend jusqu'aux hanches, chaussée de lourds sabots, d'une santé chétive, et un asthme fatiguait sa délicate poitrine. D'abord, Bernadette me parut plus jeune qu'elle n'était. Sa manière d'être était celle d'une enfant villageoise, qui a toujours habité la montagne ou les champs ; on ne vit jamais en elle que simplicité, timidité, pudeur. Un rayon de bon sens néanmoins courait le long de ses joues ovales et sur ses belles et délicieuses lèvres pleines de bonté. Ses yeux bruns limpides, souvent abaissés, paraissaient couverts des secrets divins dans leurs larges orbites ; bien que ses traits enfantins fussent un peu hâlés par le grand air, ils n'avaient rien perdu de leur délicatesse native. Son front, assez découvert, était d'une incomparable pureté de lignes.

Sa tenue était celle du respect ; son langage était inculte ; sa famille vivait de travail et d'épargne, dans une pauvreté qui souvent devient misère ; son père était meunier et bon chrétien. Inutilement on a voulu lui offrir des dons ; elle les a toujours refusés, même pour soulager ses nécessités et celles des siens. Elle n'a eu qu'une idée, qu'on peut appeler fixe, mais dans le sens excellent du mot : Dieu. Ce qu'elle sait d'outre-monde est de le dire à la gloire de Marie, sans emphase, mais avec cette assurance qui ne doute pas d'elle, et qui n'a pas souci qu'on en doute. Son jugement était droit, son goût naturel et parfait ; mais elle tenait cela de la nature, car elle savait à peine lire et nullement écrire. Elle fréquentait depuis peu l'école des sœurs. Elle était perdue dans la foule des ignorantes, où elle ne se faisait remarquer que par une conduite édifiante ; elle était inaperçue d'elle-même, mais notoire pour tous.

Première apparition de la Sainte Vierge
à Bernadette

Le 11 février 1858, Louise Soubirous, mère de Bernadette, ayant manqué de bois pour préparer son dîner, dit à Marie, sa fille, et à Jeanne Abbadie, sa voisine, d'aller faire une petite cueillette de branches desséchées, que le vent faisait tomber des arbres. Marie chaussa ses sabots, et Jeanne, entrée sur ces entrefaites, allait partir quand Bernadette dit à sa mère : « Permettez-moi de les suivre, je rapporterai moi aussi mon petit paquet de bois. » La mère lui dit: « Tu tousses, tu prendrais du mal. » Enfin la mère, pressée par sa fille, la laissa partir. Bernadette, encapuchonnée de son petit capulet blanc, et pauvrement vêtue d'une robe noire et d'un tablier râpé, partit avec ses deux compagnes ; elles sortirent de la ville et traversant le pont, arrivèrent sur la rive gauche du Gave. Elles passèrent le moulin de M. Lafitte et entrèrent dans l'île du Châlet, cherchant çà et là du bois pour faire leur fagot. Elles descendaient la prairie, en suivant le cours du Gave, mais Bernadette plus faible que les deux autres, restait en arrière, et son tablier était vide ; néanmoins, elle avait une grâce innocente et rustique qui charmait le cœur, plus encore les yeux. Enfin les trois petites arrivèrent au fond de l'île du Châlet, juste en face de la triple excavation que présente aux regards la Grotte de Massabielle.

Ce jour-là, le moulin de Savy étant en réparation, avait autant que possible fermé en amont la prise d'eau; et le canal était, sinon tout à fait sec, du moins très aisé à franchir ; il n'y avait guère qu'un filet d'eau. Joyeuses de cette trouvaille, Jeanne et Marie ôtèrent bien vite leurs sabots et traversèrent le ruisseau. L'eau, dirent-elles, est bien froide. Bernadette n'osait traverser, elle avait des bas « Jetez, disait-elle à ses compagnes, jetez quelques grosses pierres au ruisseau, afin que je puisse passer; » mais les deux glaneuses de bois s'occupaient déjà à composer leur petit fagot et lui dirent : « Tire tes bas et fais comme nous. »

Il était midi. Au son de la cloche, elle dit l'*Angelus*, et elle était déjà en train d'ôter son premier bas, lorsqu'elle entendit autour d'elle comme le bruit d'un coup de vent, se levant dans la prairie avec je ne sais quel caractère d'irrésistible puissance. Elle crut à un ouragan et se retourna instinctivement, mais rien ne bougeait ; cependant, en songeant à ce bruit, elle ne savait que penser. Toutefois elle se remit à se déchausser ; mais le bruit de ce souffle, redoublant de nouveau, Bernadette leva la tête, regarda en face d'elle, et voulut aussitôt pousser un grand cri, mais ce cri s'étouffa dans sa gorge. Elle frissonna de tous ses membres, et, terrassée et éblouie, écrasée en quelque sorte par ce qu'elle apercevait devant elle, elle s'affaissa sur elle-même et tomba à genoux. Un spectacle inouï venait de frapper son regard.

Au-dessus de la Grotte, devant laquelle Marie et Jeanne empressées et courbées vers la terre ramassaient du bois mort, Bernadette voyait, dans la niche rustique formée par le rocher, une dame qui se tenait debout et qui était d'une clarté surhumaine, une dame d'une incomparable splendeur ; cet éclat si brillant ne blessait point ses yeux comme le soleil ; au contraire, cette auréole, vive comme un faisceau de rayons, attirait invinciblement le regard de Bernadette, qui semblait s'y baigner et s'y reposer avec délices. Elle ne voyait rien de vague, de vaporeux dans l'apparition ; car cette dame paraissait d'une réalité vivante, le corps paraissait humain, l'œil et la chair, comme nous tous, ne différaient d'une personne ordinaire que par son auréole et son inexprimable beauté. Elle était de taille moyenne, on lui aurait donné vingt ans ; ses traits étaient divins, et tout en elle était tellement parfait, que toute image, toute comparaison serait un abaissement de ce type indescriptible. Nous laissons au langage de Bernadette l'habileté d'en raconter la description comme elle l'a fait au père Herman. Marie et Jeanne n'ayant rien vu, Bernadette leur fit part de sa vision et répondit à toutes les questions que Jeanne et Marie lui firent en revenant chez elle. Bernadette fit part à son père et à sa mère également de sa vision...

Le bruit de cette vision commença à se répandre

dès le soir même du 11 février, à tel point que la mère de Bernadette défendit à sa fille de revenir à la grotte. Cependant, Marie et Jeanne, curieuses de voir cette Dame, et Bernadette, qui avait pris tant de plaisir à contempler ses gracieux regards, pressèrent tant et tant Louise Soubirous, que le dimanche 16 février 1858 elle leva la défense, et les trois petites filles partirent, emportèrent une bouteille d'eau bénite, et en peu de temps elles arrivèrent à la grotte, se mirent à genoux et commencèrent à réciter le chapelet. Tout à coup la Dame apparaît à Bernadette, le charme parut sur sa figure, et elle leur dit : « La Dame est là. » Les petites lui dirent : « Jette-lui de l'eau bénite et demande-lui d'avancer sur l'églantier, et si elle vient de la part du Bon Dieu. » Bernadette le fit, et la Sainte Vierge avança sur l'églantier.

Marie et Jeanne fixaient bien leurs regards sur la grotte et sur Bernadette, mais elles ne voyaient que Bernadette, qui était en extase. La récitation du chapelet étant terminée, la Sainte Vierge disparut.

Le 18 février 1858, Antoinette Peyret et Madame Millet vinrent trouver Bernadette et lui dirent : « Aujourd'hui nous vous accompagnerons à la grotte, vous porterez une bouteille d'eau bénite, un encrier, une plume, une feuille de papier, vous jetterez de l'eau bénite sur la Dame, et vous la prierez de vouloir bien écrire son nom. »

Pendant que Bernadette et ses deux compagnes se préparaient bien tranquillement pour aller à la grotte, le bruit des visions de Bernadette avait couru dans les chantiers, dans les ateliers, dans l'intérieur des familles, dans les réunions, parmi les laïques, parmi le clergé, chez les pauvres et chez les riches, au cercle, dans les cafés, dans les auberges, sur les places, dans les rues. Le soir, le matin en particulier, en public, on ne s'entretenait que de ces visions.

Quelques-uns paraissaient sympathiques, d'autres hostiles ; mais tous paraissaient curieux de savoir la vérité de ces apparitions ; aussi pendant quelques jours les cancans coururent de tous côtés, mais en attendant, Antoinette, Mme Millet et Bernadette étaient allées à la grotte ; la récitation du chapelet avait eu lieu. Bernadette avait eu la vision, elle avait jeté de l'eau bénite à la Dame, et celle-ci avait souri ; et non seulement elle avait souri, mais elle avait été gracieuse et s'était fait promettre par Bernadette de venir la voir quotidiennement pendant quinze jours. Antoinette ayant dit à Bernadette de demander à la Dame si elle voulait que ses compagnes la suivissent à la grotte, la Dame répondit : « Non seulement elles, mais que d'autres pouvaient venir avec elles », et le chapelet terminé, la dame, comme de coutume, disparut.

Le lendemain, jour de marché, le bruit de ces visions et la faculté de pouvoir y assister se répandit partout, dans toutes les vallées, de Tarbes, de Bagnères, de Bigorre, d'Argelès, de Luchon, de Louron et de la Neste, dans les plaines de Nay, de Pau, de Bordeaux, de Bayonne, de Toulouse, etc., etc. Le nombre d'assistants alla croissant de jour en jour, et des personnes de tout genre vinrent visiter la grotte de Massabielle. Dans peu de temps, toutes ces personnes crurent à la réalité des apparitions de la Sainte Vierge à Bernadette, dans la grotte de Massabielle.

Ces visions frappèrent bientôt l'autorité civile et l'autorité ecclésiastique, et les deux autorités voulurent en savoir le fin mot. M. le docteur Dozous, M. Dutot, avocat, M. Pougat, président du tribunal, M. Lacadé, maire de Lourdes, et un grand nombre d'autres, résolurent de se livrer, pendant les quinze jours annoncés à l'avance, aux plus scrupuleuses observations ; les voltairiens et autres personnes de ce calibre, seuls, méprisaient ce grand concours de visiteurs, M. Peyramale, curé de Lourdes, Mgr Laurence, évêque de Tarbes, M. le Préfet Massy et toute la police, se mirent en devoir de connaître la vérité de ces visions.

Bernadette déjoua, par son langage simple et vrai, toutes les ruses et la sagacité de tout le monde, et tous furent obligés de croire à la vérité de ses visions, qui furent entièrement confirmées par la déclaration de la Sainte Vierge, qui, elle-même, dit : « Je suis l'Immaculée Conception », et par la source et les innombrables miracles arrivés à la grotte de Massabielle.

Description de la Grotte et de ses alentours

En regardant la Grotte, on voit, dans le lointain, les sommets neigeux des Pyrénées, qui forment comme les dernières assises de cet amphithéâtre. En face de la Basilique et de l'église du Rosaire, se trouve le vieux fort de Lourdes, assis à pic sur le roc, et dominant la vallée. A ses pieds le Gave, torrent descendu des montagnes mais qui retient ici l'impétuosité de ses eaux, et coule devant la Grotte, paisible et limpide, mêlant son murmure au continuel murmure de la prière ; puis les regards se portent naturellement sur les grandes rampes du Rosaire, avant-bras de la Basilique, dont les harmonieux contours dessinent admirablement la marche d'une procession. Et sur ces rampes, sur les escaliers de la Basilique et du Rosaire, sur la place devant la crypte, le long des galeries, sur le chemin montant du Calvaire, et sur l'immense espace qui s'étend du pied des rampes jusqu'à la naissance des lacets, partout des grappes humaines, serrées comme les abeilles d'une ruche, ou les épis au temps de la moisson. Enfin paraît dans la cavité du rocher, la Grotte sombre et mystérieuse, surmontée de la Vierge de marbre, au regard si doux et si attrayant ; et, pour couronner ce splendide panorama, au-dessus de la Grotte, est la Basilique svelte et gracieuse, si légère, si aérienne, qu'elle semble à peine toucher le sol, et on la dirait toujours prête à quitter la terre pour remonter vers les cieux. Tel est le théâtre au milieu duquel se déroulent les processions des pèlerinages de Lourdes.

Science de Bernadette au moment où elle voit et parle à la Sainte Vierge

En fait de religion, Bernadette ne connaissait au moment de ses visions, que les trois mystères indispensables à la foi : La Trinité, l'Incarnation et la

Rédemption ; c'est-à-dire, Dieu, Jésus et Marie, la Mère du Sauveur.

En fait de prières, elle ne savait que *Notre Père qui êtes aux cieux... Je vous salue, Marie... Gloire au Père, au Fils et au Saint-Esprit...*

Si son trésor de croyances est modique, il renferme néanmoins l'essentiel : Dieu, Jésus et Marie, et si son formulaire de prières est court, il contient toutefois, comme un écrin précieux, trois diamants inestimables. Ces prières sublimes et parfaites, Bernadette les récite sans cesse, tout en surveillant et en suivant des yeux le petit troupeau de brebis confié à sa garde.

Apparition et langage de la Sainte Vierge
tenu à Bernadette

La jeune et gracieuse Dame, qui se montra à Bernadette dans une douce lumière, portait une robe et un long voile blanc d'une blancheur de neige ; les plis de sa robe étaient retenus et resserrés par une ceinture bleue, brillante comme le firmament, et dont les deux bandes tombaient gracieusement jusqu'à la frange de sa robe. Bernadette voyait encore un objet d'une beauté toute céleste, suspendu entre les mains jointes de la dame pieuse et souriante. Cet objet dont les grains, semblables à des gouttes de lait, se suivent sur une petite chaîne jaune et brillante comme l'or des moissons, c'est un chapelet ordinaire à cinq dizaines, un modeste chapelet de pauvre montagnarde, que tient aussi la main de Bernadette. C'est sur ce chapelet qu'elle récite avec assiduité et ferveur ses trois prières, et son chapelet elle l'aime et le chérit comme sa seule richesse et son unique ornement. Le chapelet, voilà donc le trésor commun entre Marie et Bernadette ; aux pieds de Marie étaient encore un rosier fleuri et une violette. Mais que dit Marie à Bernadette ? Ce que

la police et la puissance infernale cherchèrent, hélas!
de ne pas lui laisser entendre, mais ce fut en vain.

Château de Lourdes au temps de Bernadette

Les voyageurs, que chaque année rappelle plus
nombreux à nos eaux thermales, rencontrent, après
avoir parcouru la belle et riche plaine de Bigorre,
sur les premiers gradins de l'amphithéâtre formé
par les magnifiques montagnes, comme l'aire d'un
aigle, une tour antique. C'est le château des Pyrénées, vieux peut-être de plus de deux mille ans,
debout au seuil des sept vallées, dont il semble
chargé de défendre l'entrée. Ce monument attire de
tous côtés le regard et la curiosité, et, à son aspect,
tout le monde est à se dire : « Sa légende et la tradition qu'il a dû léguer aux témoins de nos vieilles
batailles, doivent être bien curieuses, et par dis-
grâce, nul n'a pris souci d'écrire son histoire. (1)
Est-ce un motif pour que ses titres de gloire soient
laissés dédaigneusement dans l'oubli ? Non. Les
grandeurs déchues ont pour consolation le charme
des souvenirs
Ce château jouissait, jadis, d'une vaste renommée.
C'était le plus beau fleuron de la couronne comtale
de Bigorre, la clé du Lavedan, la porte des Pyrénées!
Les fortifications que les Romains avaient fondées
et dont la nature avait fait la moitié des frais, ont
bravé de terribles assauts et vaincu les siècles, qui
ont passé autour de ces murailles, sans laisser une
trace sur leur base indestructible. Ce vieux château
a été considéré comme le symbole de la triple domination bigorraise, anglaise et française, sur nos
populations pyrénéennes. Les rochers escarpés et
sauvages sembleraient frappés de malédiction, si
Dieu, pour les recommander à l'homme, ne les eût
enrichis de curiosités naturelles, et quelquefois de
sources merveilleuses Aussi la santé, la science, les
plaisirs se donnent-ils rendez-vous sur les sommets
des monts, dès que l'hiver les abandonne.

(1) DE LAGRÈZE.

« Voilà pourquoi, sous le rapport historique, peu de choses ont été faites, beaucoup restent à faire ou à refaire ; car les habitants des Pyrénées n'ont pas montré, il est vrai, une grande curiosité pour les monuments de leur histoire : ils ont écrit trop peu, et les étrangers beaucoup trop. (1) » Les uns ont raconté quelquefois mal ce qu'ils savaient très bien, et les autres ont très bien dit ce qu'ils savaient très mal.

Protection du Château

Il était situé sur un roc extraordinaire, et sur un rocher taillé à pic, à cent mètres du Gave, défiant toute tentative d'escalade.

Anciennement, le château de Lourdes était protégé :

1° Par sa position ;

2° Au Nord par des marais dont les traces ont presque disparu ;

3° Au Midi, par deux lacs de nom celtique, le grand et le petit Jiew, et de plus par le fort de Gavarnie, dont on voit encore la tour et les restes d'un chemin couvert, et la place d'Armes ;

4° Au Couchant par le Gave, torrent qui récèle de profonds abîmes ;

5° Au Levant, par la ville avec sa double enceinte fortifiée et par ses huit hautes tours.

Étrangers contemporains, visitez Lourdes !

Ne craignez pas de venir fouler le sol privilégié de la ville de Lourdes. Les habitants de cette ville, tant aimés autrefois du Ciel, n'ont point dégénéré. Aujourd'hui, ils se tiennent à la hauteur de leurs ancêtres, ils conservent toujours leur beau et riche caractère

(1) DE LAGRÈZE.

montagnard, l'union règne dans les familles et particulièrement avec le pasteur de la paroisse. Aujourd'hui, tous de concert ont tenu à faire de Lourdes un beau séjour, en lui donnant trois belles églises. On ne saurait élever une flèche plus hardie que celle de la Basilique de N.-D. de Lourdes, avec ses huit tourelles et ses huit magnifiques croisées avec leurs riches embrasures, sans parler de cette grande rosace remplie d'ornementations admirables, qui toutes ressemblent à des miniatures ; sans parler de la porte d'entrée, d'un travail très compliqué et bien réussi, de la statue de saint Bernard et de la Sainte Vierge, toutes les deux, ainsi que le reste des pierres de ce cloître, artistement travaillées par les adroits ouvriers de Lourdes et des architectes, David qui en a tracé le plan, et Simian qui l'a fait exécuter avec Hardy. Ce dernier a également tracé et fait exécuter les plans des deux autres magnifiques églises du Rosaire et de la crypte. Cet ensemble de travail, qui est très complété et très réussi dans la conception, est vraiment admirable.

Lourdes a encore amélioré ses rues, ses maisons, ses promenades, tous les abords de la grotte, et construit un splendide panorama...

Vous trouverez enfin, à Lourdes, des personnes pleines de respect pour vous et de complaisance, pour vous rendre les services que vous désirez, soit pour le logement, soit pour l'accompagnement des personnes qui chercheraient à visiter Lourdes et ses environs. En outre, chaque étranger pourra à volonté demander le confortable qu'il voudra, et il verra qu'on se fera un plaisir de le lui procurer, et les autorités de la ville se feront aussi un plaisir de le protéger et de le servir en cas de nécessité.

Ridicules efforts de la police préfectorale pour étouffer, selon le Préfet, le fanatisme et la superstition de Lourdes.

La guérison miraculeuse d'un petit enfant de

Lourdes, arrivée lors de la quinzième vision de Bernadette, avait mis l'exaspération dans le camp politique pyrénéen et le cri de : « Il faut en finir à tout prix » se fit entendre. La police et l'administration rivalisèrent de zèle contre l'œuvre de Dieu, contre la Sainte Vierge, et contre le nouveau pèlerinage que tant de prodiges venaient d'inaugurer. Le diable, la police et l'administration, ne pouvaient plus tolérer un pareil état de choses. En vain, ils s'en étaient pris à l'innocente enfant ; grâce au bon curé Peyramale, Bernadette avait échappé à l'orage. Ne pouvant s'en prendre à la puissance invisible qui opérait dans la grotte et causait le scandale, on résolut de s'en prendre à la grotte elle-même, à la roche Massabielle. Le diable choisit pour ce bel exploit la bureaucratie et l'administration préfectorales, c'est-à-dire des hommes qui, sans aller jusqu'à nier le miracle, en théorie, le repoussent prudemment dans la pratique. Dans ce cas-ci, les intentions furent droites, paraît-il, mais cela ne changea rien aux actes qui demeurent ce qu'ils sont.

1° Ils ne réussirent pas à faire cesser l'affluence populaire, quoiqu'ils publiassent que c'était un danger pour l'ordre, et que cette affluence était capable de mettre le désarroi et le trouble dans les consciences et capable de nuire à la religion.

2' Le préfet Massy réunit en vain tous les personnages importants du pays pour leur faire comprendre que tout ce qui se passait et s'était passé à la Grotte était et est ridicule, et que cette superstition déshonorait le pays ; par suite, de gré ou de force, il fallait qu'el'e finit, et il excommunia la Grotte. Mais cet arrêté n'arrêta rien, la foule continua et l'affluence n'en devint que plus grande. En vain, Jacomet, Commissaire de la Préfecture, essaya de dépouiller la Grotte ; il prit d'abord l'argent et les bijoux offerts à la Sainte Vierge, que le plus effronté bandit n'avait osé toucher jusque là, puis il ramassa tous les bouquets et fit mine de vouloir les jeter au Gave, mais un murmure significatif de la foule l'arrêta tout court ; les pauvres sergents de ville faisaient leur office avec une répugnance qu'ils ne pouvaient dissimuler. Enfin personne ne voulant plus aider le

Commissaire, il fut lui-même obligé de faire toute la besogne. Le Gave était près de là, et il ne fallait qu'une minute pour qu'un malheur arrivât ; le coupable le sentit, et pâle, tout défait, il se tourna vers la foule ; d'une voix altérée par la peur, peut-être aussi par le remords, il dit qu'il ne faisait qu'obéir, et demanda pour ainsi dire pardon des actes ignobles qu'il exécutait ; tout étant fini, il revint à Lourdes.

Le lendemain, la foule fut plus considérable que d'habitude. La femme qui lui avait prêté le cheval et sa charrette se brisa une côte en tombant ; celui qui avait prêté sa hachette eut ses deux pieds écrasés par la chute d'une poutre, et au grand désappointement de la police, il n'y eut pas un désordre, pas le moindre délit. En vain, le Préfet défendit les approches de la Grotte, la foule devint plus nombreuse que jamais, et les cadeaux étaient sans cesse renouvelés. Ne pouvant pas réussir de cette manière, le Préfet chercha à dénaturer la vertu de l'eau de la Grotte, et par une lâche complaisance, un petit chimiste du pays... lui trouva des propriétés très puissantes ; mais M. Filhol, professeur de chimie à la Faculté de Toulouse, après avoir examiné l'eau de Massabielle par tous les moyens connus, déclara, dans un savant rapport, le 7 août, que c'était simplement de l'eau ordinaire potable, et sans avoir la moindre propriété ; ainsi, la police, l'administration préfectorale et le Préfet lui-même furent vaincus. Et un ordre formel, émané de l'autorité souveraine, rendit à la piété des pèlerins le libre accès de cette Grotte bénie, et à Bernadette, la liberté de revoir la Sainte Vierge à la Grotte.

Interrogatoire de Bernadette par le P. Herman, sur les visions de la Grotte

— Parlez-moi, mon enfant, avec toute la sincérité

possible. Est-il vrai que vous ayez vu une personne étrange dans l'anfractuosité du rocher ?

— Oui, mon père, je l'y ai vue.

— Comment était-elle vêtue ?

— Elle avait une robe blanche, un voile blanc et une rose sur chacun de ses pieds.

— Qu'avez-vous éprouvé à son aspect ?

— Oh ! beaucoup de plaisir, et même tant de plaisir que je ne puis l'exprimer.

— Et puis ?

— Un grand désir de la revoir.

— L'avez-vous revue depuis la première fois ?

— Oui, pendant quinze jours de suite.

— Que vous a dit cette personne ?

— La vision (c'est le nom que, dans sa langue à moitié patois, elle donne au personnage apparu), la vision me dit de boire là, en me montrant la partie creuse du rocher.

— Je courus au Gave pour boire, mais la vision me rappela. « Je n'ai pas dit qu'il faille boire au Gave, mais bien là », et elle m'indiquait la partie enfoncée du rocher où il n'y avait pas d'eau, mais seulement de la poussière et de la pierre.

— Eh bien ! que fîtes-vous ?

— J'obéis... Je revins où la vision m'appelait, et j'égratignai le sol aride ; j'en retirai une pleine main de terre humide, je n'osai boire cela. Enfin, je grattai encore, et cette fois il y avait plus d'humidité dans ma main, bien qu'il y eut de la poussière. En ce moment j'obéis et je bus le tout. Et l'eau s'est déclarée là ; depuis cet instant, elle ne cesse d'en sortir avec une grande abondance.

— Dites-moi ; la dame vous a parlé ?

— Oui, elle m'a parlé comme vous et moi nous parlons en ce moment.

— Lui avez-vous répondu ?

— Oui, comme je vous réponds maintenant.

— Que vous a-t-elle dit ?

— De prier pour les pécheurs, de venir pendant quinze jours au même endroit, et puis autres choses.

— Dites ces autres choses que la vision vous a communiquées ?

— Je ne puis, c'est secret, cela.

— Combien de secrets vous a confiés la vision ?

— Trois.

— Mais, croyez-moi, répétez-les moi. Je les porterai à un grand archevêque, ami du Pape et cardinal de la Sainte Église. Je vais le voir demain à Bordeaux, il fera du bien à la montagne et au miracle.

— Puisque c'est secret, je ne puis donc en parler à qui que ce soit.

— Si, à la condition expresse que j'en aurai la confidence.

— Ce ne serait plus un secret, alors.

— Oh ! je vous promets de vous le garder comme un confesseur.

-- Mon confesseur lui-même ne peut le savoir.

— Le confesseur non plus ?

— Non, à moins que la vision ne me commande de le dire.

— Mais, au moins, vous pouvez m'avouer si ces secrets concernent la France, l'Église ou le Pape ?

— Non, ils ne regardent que moi et ne sont ni sur la France, etc.

— Qu'avez-vous fait après la première vision ?

— J'ai dit ce que j'avais vu et que je devais pendant quinze jours revenir à la montagne pour y parler avec la vision.

— On vous y a accompagnée, n'est-ce pas ?

— Oui, beaucoup de personnes sont venues avec moi durant ces quinze jours.

— Et alors, quand vous y étiez ?

— Alors, je voyais la même vision et elle me parlait comme la première fois.

Et pour preuve, une foule de gens de Lourdes, de toute condition, sont accourus sur les lieux et ont certifié avoir contemplé avec stupeur le visage rayonnant de la visionnaire, ses lèvres agitées par la parole dialoguée qu'elles articulaient, ses yeux ardents et radieux, fixés, tendus, collés vers l'horizon intérieur du rocher où la vision invisible à tous, sauf à elle, apparaissait parlant, interrogeant, répondant.. Et alors un flot de joie ruisselait visiblement sur la figure illuminée de Bernadette, au bonheur de laquelle l'attention, l'admiration, le silence du public applaudissaient à leur manière.

— Mon enfant, pourriez-vous me dire l'âge de la vision ?

— Elle m'a fait l'effet de n'avoir que vingt ans.

— Était-elle belle ?

— Oh! oh ! oui, certes, et bien encore, fit l'enfant en détournant la tête et en souriant en signe d'affirmation accentuée et sûre d'elle.

— La vision vous parlait-elle toujours ?

- Non, elle priait par pause, et aussi par pause me parlait.

— Quelle prière récitait-elle ?

— Elle passait le chapelet.

— Comment le passait-elle ?

— Elle tournait grain par grain, mais je ne lui voyais pas remuer les lèvres.

-- Levez-vous, je vous prie, et prenez toutes les attitudes qu'affectait la vision, surtout quand elle passait le chapelet, faites aussi les pauses que faisait la vision dans les autres cas ?

Aussitôt Bernadette se lève et se place debout, les mains jointes, les doigts entrelacés, les deux pouces l'un sur l'autre. Elle figure le chapelet roulé grain par grain à l'aide du pouce et de l'index de la main droite, tandis que les lèvres se taisent comme celles de la vision.

— Maintenant, quelles attitudes prenait la vision quand elle ne passait pas le chapelet ?

Bernadette prend aussitôt une position nouvelle. Elle étend son bras qu'elle laisse tomber le long de son corps et retourne ses mains, dont elle offre l'intérieur en avant, imitant parfaitement la tenue de la Vierge dans la médaille miraculeuse ; à ce moment, je lui dis :

— Dites-moi si la vision se tenait comme dans la médaille miraculeuse que voici et que vous semblez imiter ?

Bernadette regarde ma médaille et répond :

— Justement, ainsi, mais elle n'avait pas cela aux mains. (Elle montrait les rayons qui s'échappent des mains de la médaille et que la vision n'avait pas en effet, et n'eut jamais dans ses apparitions à Bernadette.

— Savez-vous pourquoi la vision a choisi les roches de Massabielle pour se montrer à vous ?

— Ah ! c'est qu'elle veut là une chapelle en son honneur.

— Comment le savez-vous ?

— Elle me l'a dit et répété.

-- Comment s'est-elle exprimée à ce sujet ?

— Elle m'a dit : Tu diras aux prêtres que je veux qu'on bâtisse ici une chapelle.

— Que vous ont observé les prêtres ?

— Mon prêtre me dit alors : Nous ne pouvons bâtir cette chapelle sans que nous sachions qui est le personnage qui te parle ; demande-lui qui elle est. Alors j'allai à la montagne et je demandai à la vision qui elle était et elle me le dit.

— Que vous dit-elle ?

— Je suis l'Immaculée Conception. (Ainsi prononçait Bernadette.)

— Vous trompez le public, mon enfant, car vous êtes ignorante, et il est impossible que vous ayez retenu ces mots, Immaculée Conception.

— Parce que je voulais lui dire la réponse de la vision pour que la chapelle se bâtit.

— Mon enfant, je comprends, et vous avez raison. Maintenant relevez-vous, puis tenez-vous et parlez, comme la Vierge s'est tenue, et comme la Vierge a parlé elle-même dans cette occasion.

Bernadette se lève de nouveau, et remettant ses mains comme ci-dessus, quand la Vierge ne passait pas le chapelet, mais qu'elle ressemblait à la médaille miraculeuse, sauf les rayons, elle dit comme il suit.

— Je demandai à la vision : Qui êtes-vous ? La vision sourit.

— Je lui redemandai : Qui êtes-vous ? La vision sourit.

-- Je lui redemandai : Qui êtes-vous ? La vision me sourit encore de la même manière ; mais à la troisième fois que je le lui demandai, elle éleva les bras, et les mains rabattues, (à peu près comme le prêtre, célébrant la messe, les lève pour dire : *Dominus vobiscum*) joignant fortement ses deux mains, leva les yeux au ciel, et les y tenant fixés, prononça avec force ces mots : « *Je suis l'Immaculée Conception.* » Et elle disparut.

(Journal de Lourdes)   Jules TODEVIN.

1ᵉ Apparition. — La dame inconnue priait en silence, ses lèvres étaient immobiles et ses mains étaient jointes, mais entre ses mains glissaient, l'un après l'autre, les grains de son chapelet; après le premier effroi, Marie fit le signe de la Croix, Bernadette se mit à réciter le chapelet à haute voix, et on voyait que Marie l'écoutait avec une joie invisible; le chapelet fini, la vision disparut.

Dans les 17 apparitions qui suivirent la première (14 février 1858), Bernadette suivit toujours le même procédé, et toujours, le chapelet récité par Bernadette terminé, Marie regagnait le Ciel.

Visions de Bernadette et paroles dites par la Sainte Vierge à Bernadette et paroles de Bernadette dites à la Sainte Vierge à la Grotte de Massabielle.

[E. CAPIOMONT et RENAULD DES POITEVINS, éditeurs]

1ᵉ Vision. — Le 11 février 1858. — Levant la tête, Bernadette dirige ses regards vers la grotte, voit une dame d'une beauté incomparable et d'une éblouissante clarté : elle se tenait debout sur le bord d'une excavation creusée dans le roc en forme de niche. Sa robe avait la blancheur du lis; un voile de même couleur couvrait sa tête, enveloppait ses épaules et descendait en arrière et le long de ses côtés. Une ceinture bleue retenait les larges plis de la robe et ses bouts tombaient par devant en bandes larges et flottantes. Les mains de la dame étaient jointes; à l'un de ses bras pend un long chapelet aux grains d'albâtre et à la chaîne d'or. La dame souriait avec une ineffable douceur ; elle tend les bras en témoignage de sa maternelle bonté, portant la main droite au front et traçant le signe de la Croix. Bernadette l'imita et récita le chapelet, et le chapelet terminé, la vision disparut.

2ᵉ *Vision*. — 14 février 1858. — Bernadette munie d'une petite bouteille d'eau bénite va avec quelques-unes de ses amies à la grotte, voit la Sainte Vierge et lui dit : « Si vous venez de la part de Dieu, approchez ! » La Sainte Vierge sourit et lui témoigna la plus affectueuse tendresse. Bernadette ravie, récite le chapelet, et celui-ci terminé, la vision disparaît.

3ᵒ *Vision*. — Le 18 février 1858. — Bernadette voyant la Sainte Vierge, dit à ses compagnes : « Elle est là, elle me fait signe d'approcher ». Ses compagnes lui disent : « Demande-lui si elle voit avec peine que nous soyons ici avec toi. » L'enfant échangea un regard avec la mère de Dieu et Marie répondit : « Vous pouvez rester. » Puis Bernadette lui demanda d'écrire qui elle est, et ce qu'elle désire ? Après avoir souri elle lui dit : « Ce que j'ai à vous dire seulement, faites-moi la grâce de venir ici pendant 15 jours. » Puis elle ajouta : « Je veux vous rendre heureuse, non pas dans ce monde, mais dans l'autre. » Bernadette lui demanda ensuite si ses compagnes pouvaient l'accompagner ? Elle répondit oui, et d'autres avec elles ; le chapelet récité, la dame disparut.

4ᵒ *Vision*. — 16 février 1858. — La Dame apparaît. Prosternée auprès de la roche bénie, Bernadette récite l'*Ave Maria* dans le plus profond recueillement avec une centaine de personnes. L'expression de ses traits transfigurés, l'ardeur de son regard, l'épanouissement de son visage, toute son attitude, frappent d'étonnement et d'admiration tout le monde. La récitation du chapelet étant finie, la dame disparut.

5ᵉ *Vision* — 20 février 1858. — Arrivée à la Grotte avec un plus grand nombre de personnes, Bernadette, avant de commencer sa prière, allume un cierge, et à peine sa prière est-elle terminée, que la Dame lui apparait toute radieuse, et elle lui renouvelle toutes les promesses qu'elle lui avait faites Enivrée par les splendeurs qui rayonnaient autour de la divine Mère, Bernadette savourait les douceurs de l'extase. La Dame la saluait avec une bonté et une grâce admirables. Son front radieux s'inclinait, ses lèvres s'ouvraient souriantes, sa main droite traçait le signe de la Croix. Devant ces manifestations d'une tendresse et d'une majesté surhumaines, Bernadette se sentait pénétrée d'une joie immense et indicible. Absorbée par la vision et insensible à toute autre influence, elle essayait de répondre aux doux témoignages que la Reine du Ciel lui prodiguait. Elle souriait, s'inclinait, et le chapelet récité, la Dame s'en alla.

6° Vision — 21 février 1858. — Revêtue de son capulet, Bernadette vint avec un plus grand nombre de personnes à la grotte. Le chapelet récité, la Dame apparait à Bernadette, puis elle se retira vers l'intérieur de la grotte. Bernadette la voyant triste s'écria ! « Qu'avez-vous ? Que faut-il faire ? » La divine Mère répondit : « Priez pour les pécheurs ! » Triste elle-même, Bernadette laissa échapper quelques larmes, mais bientôt la Dame ayant souri, on vit l'épanouissement de l'enfant, et la prière étant finie, la Dame disparut.

7° Vision. — 23 février 1858. — Le 22 février, Bernadette fut persécutée par la police, mais le 23, la Dame se montra à Bernadette et pendant que l'enfant était en extase, la Dame lui dit : « J'ai à vous dire pour vous seule une chose, qui ne regarde que vous, qui doit demeurer secrète. Me promettez-vous de ne jamais le dire à personne au monde ? » Bernadette le promit. Puis elle ajouta avant de la quitter. « Maintenant ma fille allez dire aux prêtres qu'il doit se bâtir une chapelle ici, et qu'on y doit venir en procession. » Bernadette se leva, et se rendit immédiatement chez M. le curé de Lourdes, heureuse de porter le doux message de Marie.

8° Vision. — 24 février 1858. — A l'expression du bonheur s'ajoutait le doux sourire de Bernadette, en face de la Dame, qui venait de lui apparaître, une grande joie dans le cœur de l'enfant. la Ste-Vierge fit plusieurs fois le signe de la Croix avec un grand air de noblesse et avec un sentiment de profonde piété ; alors parlant à la Mère de Dieu. Bernadette lui disait : «Les prêtres ne veulent pas s'en rapporter à mes déclarations, donnez-leur des preuves éclatantes ; par exemple, faites fleurir le rosier. » La Reine du Ciel sourit à cette demande. Elle dit à Bernadette : « Priez pour les pécheurs ; marchez sur vos genoux jusqu'au fond de la grotte. » Elle obéit, et par trois fois la Mère de Dieu récita ces mots : « Pénitence ! pénitence! » Puis la Dame confia à l'enfant un nouveau secret avant de disparaître.

9ᵉ Vision. — 25 février 1858. — Bernadette, après une courte prière tombe. en extase devant la Dame ; celle-ci lui dit : « Ma fille, je veux vous confier un secret, » et comme les deux autres, elle lui dit : « Il ne regarde que vous, vous ne le révélerez à personne. » Bernadette le promit. Puis la Dame lui dit : « Allez boire à la fontaine. » Bernadadette alla au Gave « Je ne vous demande pas d'aller boire au Gave, dit la Dame, mais à la fontaine et de vous y laver, » et en même temps la main de la Dame indiquait le fond de la grotte. Bernadette y fut. Après avoir creusé, avec ses mains, le sol, et recueilli le liquide, elle le porta à ses lèvres, le but et se lava et mangea quelques feuilles de cresson ; elle avait obéi et ses désirs étaient comblés. Son humble docilité et son courage furent agréables à la Sainte Vierge ; car avant de la quitter, la dame lui avait souri. Depuis cette heure l'eau miraculeuse n'avait cessé de couler.

10° Vision. — 27 février 1858. — La Dame ne parut pas, mais la guérison de Bourriette eut lieu le 26 février, par l'eau de la fontaine.

10ᵉ Vision. 27 février 1858. — Après sa prière, Bernadette vit la dame pendant un quart d'heure.

11° Vision. — 28 février 1858. — Bernadette vit et parla avec la dame, et après l'apparition, le 1ᵉʳ mars 1858, elle répondit à la foule, qui lui demandait si la dame était belle : « Oui, elle est belle, mais surtout bonne. »

12e Vision. — 1er mars 1858. -- La Dame apparut à Bernadette et lui parla.

13e Vision. -- 2 mars 1858. -- La Dame apparut à Bernadette et lui dit : « Je veux qu'on bâtisse une chapelle ici, et qu'on y vienne en procession.

14e Vision — 3 mars 1858. -- L'autorité civile et ecclésiastique ne croit pas au miracle de la Sainte Vierge. Cependant 3000 personnes attendent et voient Bernadette en extase priant et se rassasiant à longs traits des doux sourires et des grâces reçues de la Divine Mère de Dieu.

15° Vision. -- 4 mars 1858. — Armée, police, foule immense, tous sont à la grotte pour voir Bernadette qui, en extase, demande à la dame son nom, et la Dame lui répond qu'elle voulait là une chapelle et des processions.

16e Vision. -- 5 avril 1858. -- La Dame apparaît à Bernadette qui lui demande par 3 fois son nom, et Marie, enfin, répond : « Je suis l'Immaculée Conception. »

17e Vision. -- 5 avril 1858. -- Bernadette, accompagnée de 10,000 personnes, voit à la Grotte Marie qui incline sa tête, toute souriante, pour lui donner son dernier adieu.

Miracle du Cierge. — Pendant cette vision, Bernadette tient un cierge dans sa main, et tout le monde voit que la flamme passe entre ses doigts sans brûler sa main.

Procession du St-Sacrement

La procession du Très Saint Sacrement est organisée ainsi : Après avoir descendu la rampe du côté du Midi et salué la Vierge du Couronnement, elle se détourne sur la gauche, passe derrière la rampe

Nord du Rosaire, et marche devant les piscines. Puis le Saint Sacrement vient enfin auprès des malades. Jésus est là !

A sa vue, de tous ces milliers de poitrines de malades et de spectateurs émus jaillissent, vibrantes et sonores, des supplications courtes, brûlantes, réitérées : « O Jésus, nous vous aimons ! Fils de David, Seigneur Jésus, si vous voulez, vous pouvez nous guérir ! Guérissez donc nos malades ! »

Après ces supplications des malades et de la foule, qui les redit avec un accent de confiance et de ferveur qui arrache des larmes, le chant des litanies se fait entendre plus pressant et plus nourri. Le Saint-Sacrement, arrivé au pied de la grotte, est déposé sur l'autel. De tous les cœurs partent aussitôt les acclamations admirables : « O Jésus, nous vous aimons ! O Jésus, nous vous adorons ! O Jésus, nous croyons en vous ! A ces acclamations succède le chant grave et lent du *Tantum ergo*, puis se fait un silence solennel, pendant lequel on donne la bénédiction à la foule émue et recueillie ; mais à peine le célébrant a-t-il repris l'ostensoir, que de nouveau les acclamations recommencent de tous côtés, les malades se soulèvent presque sur leurs grabats. Mais parmi eux, un homme seul, sans aucun soutien, vient se ranger derrière le Saint-Sacrement, tenant ses béquilles à la main. La foule éclate aussitôt en cris de joie et de reconnaissance, entremêlés de sanglots, et en acclamations au Dieu de l'Eucharistie : « O Jésus, nous vous remercions ! O Jésus, nous vous rendons grâces ! » répète la foule avec enthousiasme. Bientôt après, voici qu'une autre malade descend de sa petite voiture et marche avec assurance ; sa vue procure les mêmes transports et les mêmes acclamations...

La procession avance lentement au milieu des rangs pressés des malades et des pèlerins ; puis elle se détourne à droite, du côté des piscines où le Saint-Sacrement va bénir d'autres malades qui encombrent les abords. Là, se renouvelle le spectacle indescriptible de tout à l'heure : les acclamations, les supplications, les cris de foi et d'amour éclatent de toutes parts et semblent vouloir percer la voûte du Ciel et aller droit au cœur de Dieu. Et le cœur de Notre-

Seigneur se laisse réellement toucher, car voici une malade qui se précipite hors de son grabat, puis une autre, puis encore une autre ; c'est la cinquième.

A cette vue, ce ne sont plus des acclamations, c'est de l'ivresse, c'est du délire ; les vivats à Jésus-Christ, les cris d'amour et de reconnaissance, les supplications et les prières pour les malades qui ne sont pas guéris, tout se mêle et se confond dans un chœur immense et puissant, comme le mugissement de la mer.

Procession aux flambeaux pendant le pèlerinage National

Imaginez-vous un temps splendide, un soir, après les chaleurs brûlantes de la journée, au moment où s'élevait du côté du Gave une brise assez rafraîchissante qu'on respirait avec délices : le ciel, d'un bleu immaculé, tout constellé d'étoiles, et la lune montant à l'horizon, enveloppant la ville entière d'une pâle et douce clarté. Tous les pèlerins réunis devant la grotte, continuant, avec une ferveur et une constance qui ne connaissent aucune fatigue, leurs éternelles invocations, leur vue, leurs chants et leurs prières, qui s'élèvent au milieu du calme et du silence de la nuit, produisent un effet saisissant. Tout à coup, rapide comme un éclair au milieu de cette foule, brille une lumière qui parcourt, comme une traînée de poudre, les rangs des pèlerins, et en un clin d'œil, quinze mille cierges s'allument comme s'allument les étoiles dans le pur firmament. Le devant de la Grotte et des piscines présente l'aspect d'un champ d'épis ondulant et lumineux ; un cordon de feu court le long de la galerie qui surmonte, le clocher de la basilique dresse vers le ciel sa mince silhouette dans une demi-obscurité.

Bientôt la procession s'élance dans les lacets ; on dirait une voie lactée terrestre en mouvement. Les cierges, semblables à des pointes de feu, sillonnent la montagne, tournant cinq fois sur eux-mêmes, et

traçant sur l'obscur feuillage des arbres le mono-
gramme de Marie : ils longent le flanc de la basilique, redescendent par la rampe droite du Rosaire,
dont ils dessinent les harmonieux contours, et se
déploient en deux lignes parallèles dans les allées
de l'esplanade, et d'un bout à l'autre de la procession,
sur tout le parcours, retentissent, jusque dans les
hauteurs voisines, les *Ave Maria* vibrants et sonores
des pèlerins. Chaque groupe les chante sans faire
attention à ses voisins ; les uns commencent, les
autres finissent : ici on chante le couplet, tandis que
là on entonne le refrain, et de tout ce mélange, de
toutes ces confusions résulte une symphonie admirable, plus belle et plus imposante que tous les
concerts.

En voyant se poursuivre la procession vers l'extré-
mité de l'esplanade, on dirait qu'on aperçoit un
fleuve immense et roulant de lumière scintillante,
qui s'avance dans le lointain. C'est un globe de feu,
et la voilà qui atteint la grande Croix des Bretons,
étincelante comme une couronne de rubis. En ce
moment les flambeaux se croisent en tous sens,
faisant, derrière la croix de feu, leur tour de lumière,
puis ils reviennent vers les rampes du Rosaire, en
suivant l'allée des bords du Gave. Ce spectacle est
véritablement féerique, et il est vraiment impossible
de le décrire.

La Basilique, la Grotte, l'église du Rosaire et la
vaste prairie de l'Esplanade, apparaissent entourées
d'une immense guirlande de lumière, et tandis que
les premiers flambeaux, déjà de retour, touchent le
porche du Rosaire, de nouveaux flambeaux débou-
chent, sans cesse, des lacets de la grotte. Et les
chants se poursuivent sans interruption, les *Ave
Maria* jaillissent toujours plus nourris, toujours
plus sonores, de ces infatigables poitrines.

Enfin, la procession tout entière, après avoir décrit
devant l'église du Rosaire des spirales sans nombre,
comme un long serpent qui replie ses anneaux,
vient se ranger peu à peu, groupe par groupe, l'un
derrière l'autre, et former entre les deux rampes un
pavé lumineux ; la cérémonie se termine par le
chant du *Credo*, chanté à l'unisson par toutes ces
poitrines aux échos des montagnes qui les répètent.

Que devint Bernadette après ses apparitions ?

Bernadette demeura, après les visites célestes, ce qu'elle était auparavant : la sainte Vierge la garda dans toute sa simplicité, dans sa modestie et dans sa naïveté. Ainsi, rien d'extraordinaire ne parut jamais depuis en elle ; elle fut toujours retirée et se conserva dans sa douce humilité, avec laquelle elle bravait, pour ainsi dire, la vaine gloire et d'incessantes curiosités,

A l'école, elle jouait, s'amusait, sautait comme les autres petites filles. Son intelligence était toujours restée tout à fait ordinaire. Elle fut longtemps avant de savoir lire et écrire ; elle était pieuse, édifiante, mais rien ne la distinguait des autres enfants pieux ; elle parlait peu ; son langage était assez incolore, son mérite se résumait dans ce qui avait charmé la Reine des Anges, laissant voir sans cesse en elle l'innocence d'une vie pauvre et obscure, la candeur de son âme et la droiture de l'esprit.

Miracles de N.-D. de Lourdes

Des miracles de tout genre s'opèrent sans discontinuer, pour ainsi dire, soit à la Grotte même, soit au loin, par l'usage de l'eau de la sainte Vierge, ou même par la seule invocation de Notre-Dame de Lourdes. « Il y en a tant, que nous ne les comptons plus », me disait naguère l'excellent supérieur des Missionnaires. Monseigneur Laurence, en l'année 1858, fit publier 7 guérisons toutes miraculeuses, arrivées cette même année : 1° celle de l'œil de Louis Bourriette ; 2° de Henri Busquet ; 3° de Catherine Latapie-Chouat, Loubajac ; 4° de Mme Madeleine Rizan, Nay ; 5° de Mlle Marie Moreau (Landes) ; 6° de Blaisette Soupenne, Lourdes ; 7° de Monseigneur de Ségur.

La confiance en l'Immaculée Conception ne saurait

certes être trop grande, trop entière ; mais il faut que cette confiance soit toujours dominée par un profond amour de la volonté de Dieu, et par la soumission la plus absolue aux voies secrètes par lesquelles nous conduit la Providence. Toujours la Mère de Miséricorde accueille et exauce nos prières, mais elle les exauce à sa façon, non à la nôtre ; elle les exauce divinement, nous accordant ce qui est le mieux, le plus sanctifiant pour nous. La souffrance est si souvent la grâce des grâces, et le plus réel de tous les biens ! Si la Sainte Vierge ne juge pas à propos de guérir les maux de notre corps, toujours — n'en doutez pas, — elle accorde des grâces de résignation, de foi vive, mille fois plus utiles que toutes les guérisons.

Allons donc à la Vierge Immaculée de Lourdes avec ces sentiments élevés, seuls dignes de cœurs chrétiens ; et parce que nous n'aurons pas été comme tant d'autres, l'objet d'un miracle, ne soyons pas assez simples, pour croire inutile cette neuvaine, cet usage confiant de l'eau de la Grotte, ce pèlerinage long et pénible, que n'a point couronné une guérison ardemment demandée, impatiemment attendue. Ce qui est hors de doute. c'est que jamais l'on n'implore en vain la Mère de Dieu, et qu'on ne saurait trop recourir à son cœur maternel.

SÉGUR.

Première Communion de Bernadette

Bernadette fit sa première communion le 3 juin 1858, jour de la Fête-Dieu. Après sa première communion, Bernadette fut admise dans la Congrégation de la Sainte Vierge, où elle continua à édifier tout le monde sans étonner personne. Elle fut ensuite admise au Couvent des Sœurs de Nevers de l'hospice de Lourdes. Là, comme ailleurs, elle ne parlait que très peu, et jamais des faveurs surnaturelles dont elle avait été l'objet ; interrogée, elle répondait brièvement et avec beaucoup de netteté, sans laisser percer la moindre émotion. Quoique pauvres, Bernadette, ni ses parents, n'ont jamais voulu rien accepter des innombrables visiteurs qui, soit par bonté de cœur, soit pour les tenter, leur firent mille fois les offres les plus séduisantes. Enfin, cette pauvre enfant se consacra définitivement à Dieu le 8 juillet 1866, et fit ses vœux simples le 30 octobre 1867, sous le nom de Marie Bernard. Là, comme hors du Couvent, elle fut d'un charme incomparable. Simple, humble, douce, toujours souffrante, toujours digne des regards immaculés de la Sainte Vierge, son caractère a toujours conservé la grâce de l'enfance. Une religieuse de ses compagnes disait : « Bernadette est pieuse comme un ange, douce comme un agneau, simple comme une petite colombe. Que le bon Dieu daigne nous la conserver longtemps. » Toutes les sœurs l'aimaient et elle était la seule à ne point s'aimer.

La famille Soubirous aujourd'hui

Nous ne pouvons nous empêcher de faire une courte digression à notre récit. Nous voulons parler de la famille Soubirous, subrepticement d'ailleurs, pour ne pas blesser sa modestie. Deux frères de Bernadette Soubirous : Jean-Marie et Pierre ont survécu à leurs père et mère et à leurs sœurs. Dignes en tous points des éloges qu'en font les divers historiens, les visiteurs ne les quittent pas sans leur accorder toute leur sympathie.

Nous rappelons à nos lecteurs que nous nous sommes donné comme guide à travers Lourdes, et, par conséquent, ils ne peuvent avoir fait un pèlerinage complet sans avoir visité la maison paternelle de Bernadette, que détient toujours la famille Soubirous La chambre de Bernadette a été conservée intacte.

Décret de Monseigneur Laurence, évêque de Tarbes, sur la Grotte de Lourdes

« Nous jugeons que l'Immaculée Marie, Mère de Dieu, a réellement apparu à Bernadette Soubirous le 11 février 1858 et jours suivants, au nombre de 18 fois, dans la Grotte de Massabielle, près la ville de Lourdes. Que cette apparition revêt tous les caractères de la vérité, et que les fidèles sont fondés à la croire certaine ; ce décret a été approuvé par le pape Pie IX, le 4 septembre 1869. »

Les travaux de la Chapelle de la crypte, commencés au mois d'octobre 1862, furent terminés le 21 mai 1866, et on y célébra la sainte messe à partir de ce jour.

Occupation de Bernadette au Couvent de Saint-Gildard et charges qui lui ont été confiées au Couvent.

Bernadette frappa ses compagnes par sa grâce, sa bienveillance cordiale, sa gaieté d'enfant, le tour original, imprévu, de son esprit alerte et vif. A tout ce qu'elle faisait, elle était tout entière. Jouant à la récréation comme pas une ; laborieuse, attentive, toujours l'aiguille en mouvement à l'heure du travail ; ardente, recueillie, transfigurée, sublime, quand elle était à l'église, contemplant et priant. Indépendante peut-être par nature, mais dépendante par déférence et par choix, elle avait au plus haut degré l'amour de sa règle conventuelle. Elle était comme un oiseau qui aurait quitté les grands bois, les bois immenses, sans autres limites que la facilité de son vol, et qui aurait élu pour sa patrie l'enceinte d'un jardin fermé.

Volontairement prisonnière dans l'enclos sacré de la vie religieuse, elle s'y mouvait, voltigeait et chantait, toute joyeuse, dans la sainte liberté des enfants de Dieu. Elle y prononça ses vœux solennels le 22 septembre 1878.

Souvent, et très souvent, Bernadette était malade, mais la douleur physique n'abattait en rien son activité naturelle. Dans son lit ou dans son fauteuil, elle priait, elle travaillait constamment, répandant autour d'elle les charmants rayons de son innocente gaieté. Ses doigts étaient d'une habileté merveilleuse, elle tissait le tapis du sanctuaire et festonnait les nappes de l'autel ; elle brodait avec un art exquis l'aube du prêtre consécrateur, faisant courir sur la dentelle toutes les délicatesses de son aiguille. Elle se plaisait aussi à mille autres petits travaux. Dans quelques lambeaux d'étoffe elle taillait, découpait et ornait l'image du Cœur de Jésus...

Durant ses longues insomnies, elle faisait glisser entre ses mains les dizaines de son rosaire Bien que Bernadette fût si occupée, Dieu, pour sa grande gloire, permit qu'elle ne fût pas exempte de tentations. Ainsi, nous voyons que Bernadette a un esprit naturel, prompt et logique, qui lui fait aisément monter la répartie aux lèvres, quand elle a conscience d'avoir raison ; répartie qui est d'ailleurs très précise et très frappante ; elle rivait son clou à l'adversaire, mais c'était à la fois irréprochable et charmant, et jamais l'orgueil, jamais la tentation de se complaire en elle-même n'a pu effleurer son âme ni en ternir la beauté.

En un mot, Bernadette, devenue Sœur, s'était développée et sanctifiée dans une harmonie sans discordance. Pendant 13 années, elle vécut pleine de charmes, d'amabilité, au milieu des sœurs de Nevers ; croissant chaque jour en piété, en bonté et en sagesse, sachant supporter la souffrance avec la patience des martyrs, avec la ferveur des anges et sans rien perdre jamais dans l'ordre de la nature, elle avait toujours gagné dans l'ordre de la grâce.

Charges que Bernadette eut dans le couvent de St-Gildard

La Sœur supérieure, voyant que la santé de Bernadette devenait de plus en plus fragile, la chargea d'abord du rôle d'infirmière et puis de sacristine. A la sacristie, elle instruisait les enfants de chœur, veillait au linge et aux fleurs des autels. A l'infirmerie, elle excellait à soigner ses compagnes malades, à panser leur corps et à réconforter leur âme, à les égayer et à les charmer. Enfin, elle était devenue tellement habile dans la connaissance des remèdes et dans l'art de les appliquer, que le docteur du couvent la considérait comme un coopérateur des plus intelligents, des plus dévoués et des plus précieux.

Ce qui affligea le plus le cœur de sœur Marie-Bernard, durant sa vie, furent la nouvelle de la mort de Monsieur le curé Peyramale, arrivée le 8 septembre 1877, et celle de la mort de sa pauvre mère, Louise Soubirous, arrivée le 8 décembre 1866, c'est-à-dire le jour même de l'Immaculée Conception. Cependant, il sembla à Bernadette que, en choisissant ce jour de fête, la Vierge de Lourdes avait voulu tempérer à ses bons et estimables parents et à elle même, l'amertume de cette cruelle mort, et les rassurer en leur donnant, comme un gage certain d'espérance et de bienheureuse résurrection, pour cette mère chérie, le jour même où la Sainte Vierge avait apparu à Bernadette. (1)

Bernadette diffamée audacieusement par les libres penseurs

Les partisans de la libre pensée, stupéfaits et exaspérés par le mouvement immense qui se

[1] Henri LASSERRE.

produisait vers Notre-Dame de Lourdes, se prirent à diffamer l'humble religieuse une fois entrée au Couvent, et ils disaient avec imprudence que, si elle avait été mise au Couvent, c'est qu'on y avait été contraint, parce qu'elle était folle ; il advint même, que, voulant savoir à quoi s'en tenir, un homme de science, M. le docteur Damoiseau, président de la société des médecins de l'Orne, écrivit à son éminent collègue, M. le docteur Robert Saint-Cyr, président de la société des médecins de la Nièvre, pour le prier de s'informer soigneusement de la vérité sur ce point, et de lui transmettre un renseignement positif. Voici la réponse de ce docteur :

Nevers, 3 septembre 1872.

Mon cher Confrère,

Vous ne pouviez mieux vous adresser pour avoir sur la jeune fille de Lourdes, aujourd'hui sœur Marie-Bernard, les renseignements que vous désirez. Médecin de la Communauté, j'ai donné des soins pendant longtemps à cette jeune sœur, dont la santé très délicate, nous a causé de vives inquiétudes. Aujourd'hui cet état s'est amélioré, et de malade elle est devenue mon infirmière, s'acquittant, dans la perfection, de sa besogne. Petite d'apparence, chétive, elle a 28 ans. Nature calme et douce, elle soigne ses malades avec beaucoup d'intelligence et sans rien omettre des prescriptions faites ; aussi jouit-elle d'une grande autorité, et, de ma part, d'une grande confiance.

Je suis heureux d'affirmer, mon cher Confrère, que cette jeune sœur est bien loin d'être aliénée. Je dirai mieux : sa nature calme, simple et douce, ne la dispose pas, le moins du monde, à glisser de ce côté.

Je suis heureux, mon cher Confrère, de cette occasion de causer avec vous, et de vous être agréable, en vous fournissant les renseignements demandés.

Robert SAINT-CYR,
Président de la Société des médecins de la Nièvre.

Inauguration et prise de possession de la Statue et de la Grotte de Massabielle par Monseigneur Laurence, Évêque de Tarbes.

Le 4 avril 1864, Monseigneur Laurence, Évêque de

Tarbes, par un temps magnifique, sous un brillant soleil, la mitre au front, revêtu de son costume pontifical, d'une main bénissant les peuples, de l'autre s'appuyant sur son grand bâton d'or, s'avançait solennellement au milieu des explosions vibrantes de la foule et de l'enthousiasme populaire et d'un cortège inouï où l'on voyait plus de 400 prêtres en habit de chœur, les grands vicaires et tous les dignitaires du chapitre de son église-cathédrale, vers la Grotte de Massabielle.

Les voix les plus belles du pays semblaient s'être donné rendez-vous pour accompagner leur pasteur à la Grotte en ce beau jour de fête, et faisaient retentir les airs et les échos des montagnes de chants splendides, en l'honneur de la reine des cieux.

La ville, les rues, les fenêtres étaient pavoisées de fleurs, d'oriflammes, de guirlandes et de nombreux arcs de triomphe ; pendant la procession, les bourdons et toutes les cloches des églises et des chapelles sonnaient à toute volée, des troupes avec toutes leurs richesses et tout l'éclat de l'appareil militaire ; toutes les confréries de Lourdes, toutes les sociétés de secours mutuel, toutes les corporations des villages voisins avec leurs croix et leurs bannières, et les sœurs de tous les ordres religieux ; enfin plus de 50 à 60,000 pèlerins s'étaient réunis avec leur digne pasteur pour inaugurer et prendre possession de la Grotte de Massabielle, de sa fontaine miraculeuse et de sa belle statue. Deux personnages manquaient à cette fête et à cette cérémonie splendide : Bernadette et M. Peyramale ; les deux étaient gravement malades. L'illumination du soir fut féerique, à la ville, à la Grotte, et devant le palais de Monseigneur l'Évêque. (1)

____

(1) Henri LASSERRE.

Statue de la Grotte

Cette statue, faite en beau marbre blanc de Carrare, représente la Sainte Vierge au moment où elle dit à Bernadette, le 25 mars 1858 : « Je suis l'Immaculée Conception. » Elle a été sculptée d'après les indications précises de Bernadette, et en représente, aussi parfaitement que possible, la vérité, les lignes et les détails. Mais que peut, hélas ! la main de l'homme, lorsqu'il lui faut reproduire les choses célestes et divines avec des éléments matériels ? Quand Bernadette vit cette belle statue : « Elle est belle, dit-elle, mais ce n'est pas la dame de la vision ; la différence est comme de la terre au ciel. »

Inauguration de la Chapelle de la Crypte

Bernadette eut le bonheur de voir l'inauguration de la crypte et le triomphe de son immaculée bienfaitrice, le jour de la fête de l'inauguration de la Chapelle de la Crypte, le 21 mai 1869.

La ville de Lourdes et tout le diocèse de Tarbes étaient en fête, et la fête de ce jour est et sera longtemps vivante dans les cœurs pyrénéens. Les terrains environnants, achetés par l'évêché de Tarbes, ont été appropriés aux besoins du pèlerinage. Le sol de la grotte a été nivelé, et l'eau miraculeuse qui jaillit au fond, à gauche, est reçue maintenant dans un bassin de marbre blanc, d'où elle s'écoule dans le Gave

Aujourd'hui, la grotte demeure telle qu'elle était lors des apparitions. La crypte et l'église sont posées au-dessus des roches Massabielle, comme une splendide couronne offerte à l'Immaculée Conception, et la flèche de cette nouvelle basilique s'élève à trois cents pieds au-dessus de la grotte. Les besoins des pèlerinages ont nécessité la fondation d'une maison spéciale de Missionnaires, qui reçoivent les processions et accueillent les pèlerins, entendent les confes-

sions et distribuent l'Eucharistie et la parole de Dieu
aux Pèlerins.

***

Confiance en la Sainte Vierge

... Vous qui avez de grandes grâces à demander,
suivez-nous dans cette marche, toute confiante, vers
la Vierge qui nous appelle à Lourdes, pour nous
montrer, une fois de plus, comment elle nous aime.

Là, vous trouverez les impressions qui émeuvent,
les souvenirs qui imposent la foi, les enseignements
qui prêchent le repentir, et les grâces qui inspirent
la confiance. Tandis que les malades iront aux piscines miraculeuses, demander pour leurs membres
la santé et la force, les autres iront aux piscines des
miséricordes solliciter sa grâce et son amour.

Ils trouveront les anges de la prière et du pardon,
des prêtres pleins de bonté compatissante, qui les
attendent et qui les tireront de l'abîme sans leur rien
demander que la vertu indispensable, la volonté ; et
tous unis dans le même sentiment de reconnaissance,
jetteront aux échos les plus lointains, les cris mille
fois répétés de : « Vive Notre-Dame de Lourdes !
Gloire à la Vierge Immaculée ! » Par elle, aujour-
d'hui, nous avons retrouvé Notre-Dieu ; avec elle,
nous voulons persévérer dans la fidélité et dans
l'amour, pour nous trouver avec elle dans la Gloire...

(Discours de Mgr Lécot).

Et pour y parvenir facilement, à cette gloire,
comme Bernadette nous prierons, comme la sainte
Vierge de Lourdes, nous réciterons avec ferveur et
avec grande dévotion le chapelet. Saint Paul disait :
« Notre vie est dans les cieux. » Vivons donc
d'avance, par les aspirations de notre âme, là où
nous sommes appelés à vivre éternellement. « Prions,
s'écrie Mgr Duval devant 1,060 pèlerins soissonnais venus à Lourdes avec lui ; prions avec confiance et persé-
vérance. Marie est surtout la Mère de la France. »
Nulle part, comme dans notre patrie, on ne voit des

cathédrales s'élever aussi nombreuses en l'honneur de Marie. Nulle part, ses sanctuaires ne sont aussi multiples. Pourquoi la Sainte Vierge est-elle à Lourdes, s'écrie le chanoine Mathieu ? Parce que, à l'exemple de son divin Fils, Marie se montre aimable et admirable. Aimable, pour se faire aimer ! Admirable, en nous frappant par ses prodiges. A notre tour, nous sommes ici pour développer notre piété filiale envers elle, et pour raviver notre esprit de foi et nous défaire du respect humain. Prions ! prions !

Le Miracle à la Grotte de Massabielle

Dieu, dans sa sagesse, s'est choisi sur la terre deux sortes de demeures ; la première est celle de nos tabernacles dans nos églises, dans lesquels, en vertu du prodige de la multiplication eucharistique, il convoque à la fois les fidèles séparés par les plus vastes distances ; nous l'appellerons sa résidence officielle et permanente. L'autre est le point que sa sagesse et sa bonté, toujours d'accord, ont choisie pour y faire éclater, aux yeux des hommes, la présence divine, la sollicitude divine dans le miracle ; et comme la signature du Tout-Puissant est de celles qui ne s'effacent pas, un miracle suffit pour sanctifier à jamais le lieu où il s'est accompli. Il y a des lieux plus favorisés du ciel où est le miracle, et où le miracle est en permanence : tels, par exemple, le sang de Saint Janvier, conservé dans la fameuse Basilique napolitaine ; tel encore le sang de Saint Jacques, conservé liquide à l'église des Saints Apôtres, à Rome ; tels encore de nombreux sanctuaires de Marie, miraculeusement fondés, et dont chaque jour un nouveau miracle accroît la renommée. Telle est surtout la Grotte de Massabielle. Le miracle y resplendit dans des conditions absolument caractéristiques.

Ainsi, à certaines époques de l'année, les piscines de Lourdes sont entourées d'une multitude de malades. Tous sont consolés, un nombre notable sont soulagés, et plusieurs se voient guéris dans des conditions auxquelles ne suffisent pas les forces de la nature, à Lourdes. En effet la science montre le doigt de Dieu ; la signature de l'auteur des lois naturelles qui nous lient, sans lier le tout-puissant ; les miracles s'accomplissent nombreux et attestent à la fois l'existence de Dieu, sa liberté, sa puissance et son intervention, malgré la rage avec laquelle la maçonnerie, prêtresse de l'idole nature, travaille à supprimer avec les pèlerinages, ce phare qui brille au milieu des ténèbres amoncelées par la doctrine révolutionnaire.

Miracle Eucharistique

Mais il n'y a pas seulement, dans cette ville privilégiée de Lourdes, le miracle s'offrant aux investigations de la science ; il y a encore, depuis quelque temps, le miracle eucharistique, à l'église, et de plus le miracle eucharistique s'opérant au milieu des pompes solennelles du culte devant les multitudes qui l'adorent, vrai témoignage de la présence réelle du divin Roi au milieu des siens. Quel encouragement pour la foi catholique, surtout pour ceux qui voient à Lourdes ces innombrables miracles eucharistiques, et leurs incalculables effets ! car maintenant Notre-Seigneur prend une part directe aux prodiges dont la Grotte de l'apparition est le centre... Quel encouragement pour les pèlerins, venus à Lourdes, pour promouvoir de plus en plus le culte du Très Saint-Sacrement et pour l'honorer, en le voyant en personne autour de soi d'une manière pour ainsi dire tangible, et marchant en quelque sorte au milieu des pèlerins. Le savoir au milieu de nous, c'est de la sagesse, mais agir en sa société et sous l'influence de son cœur, c'est la vie, s'écrient les pèlerins.

Cependant, l'objet de ces prodiges ne peut être uniquement, ni même principalement, celui de récompenser la foi ardente, et dans la plupart des cas, celui de la longue résignation des heureux miraculés. Ici, nous voyons Jésus se faire en personne l'apologiste et le défenseur de la religion qu'il nous a donnée ; là, se mettre ostensiblement à la tête de ceux qui combattent pour elle. Dès lors, bien lâche serait celui-là qui s'abandonnerait au découragement dans la lutte, en apparence si inégale, que nous soutenons contre l'impiété. Voilà pourquoi nous devons, plus que jamais, recourir à lui dans le mystère de l'hostie, si nous voulons pour nous, pour notre pays et pour l'église, le salut ; car, là, Jésus sacramenté nous rappelle qu'il est parmi nous, que sous les espèces il se cache, et que dans son existence sacramentelle, il agit.

La Vierge de Lourdes a dit à Bernadette ces trois grands mots : « Pénitence ! Pénitence ! Pénitence ! » La voix du miracle, nous l'espérons, dominera les saturnales diaboliques des juifs, des francs-maçons et de toutes les autres sectes, avec toute leur impiété, et prédira leur défaite. Accomplissons ce devoir que la Vierge de Lourdes nous prescrit, faisons pénitence et, à cette condition, nous serons sauvés.

Réflexions sur l'Image de la Sainte Vierge, apparue à Bernadette Soubirous, à la grotte Massabielle.

1° Bernadette nous dit que la Sainte Vierge lui a apparu sous la même forme et toujours avec les mêmes vêtements. Ce qui nous démontre clairement la stabilité de Marie, son cœur et son âme exhalant près de son divin Fils l'odeur du plus agréable parfum. Imitons la Sainte Vierge dans la pratique des vertus chrétiennes, si nous voulons, comme elle, plaire à Jésus, et recevoir de lui une éternelle récompense ;

2° Elle nous dit que son corps était enveloppé d'une lumière ardente, c'est-à-dire qu'elle se présentait à elle en qualité de vierge immaculée. Ce qui nous rappelle ce que Jésus-Christ a souffert pour rendre à notre âme sa belle splendeur ; et puisque cette perle est si précieuse, nous devons, comme elle, lui conserver sa beauté ;

3° Elle nous dit, encore, que sa robe était blanche. Elle se présentait à nous avec une âme semblable à la nôtre, et que la sienne était blanche comme sa robe, et que si nous voulons la conserver blanche comme la sienne, nous ne devons commettre aucun péché, et que si nous voulons la tenir toujours blanche chaque fois que nous la souillons, nous devons la purifier au moyen d'une bonne confession ;

4° Elle nous dit qve son voile blanc couvre tout son corps. En parlant ainsi, Elle nous fait bien comprendre que si la Sainte Vierge étend son voile blanc sur tout son corps, c'est qu'elle n'a jamais souillé aucun membre de son corps, et que, comme elle, nous n'en devons souiller aucun, puisque Dieu les a faits semblables aux siens ;

5° Elle dit aussi que cette Sainte Vierge était si belle, qu'elle était hors de comparaison avec tout ce qu'on peut voir et imaginer sur la terre.

L'âme, baptisée dans un petit enfant, est si belle et d'une blancheur si éclatante que la description en est impossib'e. Faisons comme la Sainte Vierge, gardons-lui toujours cette splendeur, et notre robe d'innocence sera toujours blanche ;

6° Elle avait une ceinture couleur d'azur, pour relever et soutenir sa robe. Ce qui signifiait que si la Sainte Vierge sentait le besoin de relever sa robe, nous devons comprendre que nous devons être détachés des biens de ce monde, et être toujours prêts, libres et agiles dans la voie des commandements de Dieu, si nous voulons entrer dans le royaume des Cieux ;

7° Elle était pieds nus, et ses pieds reposaient sur les roses d'un églantier, ce qui nous fait comprendre que nous devons aimer la pauvreté ; car Jésus-Christ a dit : « Bienheureux les pauvres d'esprit » La rose est la reine des fleurs, et répand autour d'elle une agréable odeur ; mais comme il n'y a pas de roses sans épines, sachons, comme Jésus et Marie, souffrir avec patience tout ce que le bon Dieu nous envoie.

8° Elle tenait à son bras un beau rosaire blanc et or, et faisait courir les grains sur ses mains jointes, voulant nous faire comprendre, par là. que Dieu se laisse fléchir par la prière, et comme la prière la plus simple et la plus facile est la récitation du chapelet, récitons cette prière souvent, et ne rougissons jamais de la réciter, puisque la Sainte Vierge la récite.

ROSAIRE — Mystères Joyeux

1er Ch. 1er M. — Le Saint-Esprit descendra en vous. Celui qui naîtra de vous sera appelé le Fils du Très-Haut.

2° Ch. 2° M. — D'où vient ce bonheur, que la Mère de Dieu vient à moi. Mon âme glorifie le Seigneur.

3e Ch. 3° M. — Quum esset ibi, impletæ sunt dies ut pareret pannis eum involuit, reclinavit in præsepio.

4° Ch. 4° M. — Maintenant, Seigneur, laissez votre verviteur s'en aller en paix, selon votre parole.

5° Ch. 5° M. — Pourquoi me cherchiez-vous ? Ne saviez-vous pas qu'il faut que je sois aux affaires de mon père ?

Mystères Douloureux

6° Ch. 6° M. — Père, si vous le voulez, éloignez de moi ce calice, mais que votre volonté soit faite, et non la mienne.

7° Ch. 7° M. — Pilate prit Jésus, et le fit flageller. J'ai été flagellé tout le jour.

8° Ch. 8° M. — Les soldats tressant une couronne, la mirent sur la tête de Jésus, et ils disaient : Salut, roi des Juifs.

9° Ch. 9° M. — Jésus, portant sa croix, se dirigea vers le lieu appelé Calvaire.

10° Ch. 10° M. — Jésus dit à sa Mère : Femme. voilà votre fils, il dit au disciple : Voilà votre Mère.

Mystères Glorieux

11° Cn. 11° M. — Jésus, debout au milieu d'eux, leur dit : La paix soit avec vous, c'est moi, ne craignez pas.

12° Cn. 12° M. — Levant les mains, il les bénit, s'eloigna et monta au Ciel.

12° Cn. 13° M. — Ils virent paraître comme des langues de feu, et ils furent remplis de l'Esprit-Saint.

14° Cn. 14° M. — Marie a été enlevée au Ciel. Les Anges se réjouissent, louant, bénissant le Seigneur.

15° Cn. 15° M. — La Reine s'est tenue debout, à votre droite, environnée de ses divers ornements.

Jeunesse Française, priez N.-D. de Lourdes

Le conférencier français, M. l'abbé Naudet, disait à la jeunesse française, à Lourdes :

« Que chacun de vous, Messieurs, vienne dire à la Grotte : « Je serai le soldat du Christ, je ferai mienne cette devise de nos pères : *Aime Dieu et va ton chemin.* » Restez jeunes, Messieurs, et avec l'activité de votre jeunesse, comme disait le chanoine Touchet, de Nantes, soyez humbles et purs, appliquez votre programme d'action, et vous aurez le cœur pour résister, pour lutter, pour agir et pour souffrir.

« Vous le savez, Messieurs, la France est le pays des grandes pensées et des sentiments généreux. Les Français sont les fils des martyrs et des croisés, sont les enfants de la fille aînée de l'Eglise, les enfants d'un Dieu crucifié, à qui il a été dit : « Soyez parfait comme votre Père céleste est parfait. » Et la France, votre mère, en tournant vers vous ses regards, s'écrie : « Messieurs, vous êtes la France en fleurs, la France de demain, la France de l'avenir. » Etudiez, mes amis, parce que les catholiques français doivent partout marcher les premiers. Aimez le peuple, aidez le peuple, et que dans votre âme retentisse l'écho de cette parole de Jésus : *Misereor super turbam*. J'ai pitié des malheureux. Agissez, agissez. Notre-Seigneur a fondé trois Églises : l'Église triomphante, l'Église souffrante et l'Église militante. Ne soyez pas de ceux qui veulent fonder l'Église dormante.

« Rappelez-vous toujours que vous êtes les enfants de cette France qui volent vers les contrées où la végétation s'arrête, et vont porter aux sauvages, aux mœurs féroces, ce qui doit les réduire : c'est *la Vierge de France, la Vierge de Lourdes*. Et cela pourquoi ? « Parce que, dit Mgr de Tulle, parce qu'elle est une source d'eau vive, une source miraculeuse, une source de tendresse, une source de grâces qui alimente les âmes chrétiennes. » Priez donc, priez, jeunesse française, priez pour la France, votre chère Patrie. Soyez la France courageuse, ne craignez jamais ; la Vierge française, N.-D. de Lourdes sera toujours avec vous, car elle vous aime et vous protègera toujours. »

Bureau des Constatations

Dans ce bureau, il y a quatre pièces fréquentées chaque jour, de 8 heures à 11 heures et de 1 heure à 6 heures, par de nombreux médecins et d'innombrables malades ou guéris. Les docteurs se rencontrent, travaillent et examinent, discutent, étudient. Ils étaient plus de 50 au 25 août 1894, et parmi eux il y avait des incroyants, des croyants, des catholiques, des protestants, des convaincus, des sceptiques, des facultés de Rennes, de Montpellier, de Lille, des Belges, des Anglais et même des Canadiens.

La composition hétérogène de ce milieu scientifique convient admirablement au but de l'institution ; elle assure l'impartialité qui doit présider aux consciencieuses recherches ; elle assagit les ardents enthousiasmes, elle empêche le triomphe des préju_

gés, elle ne laisse place qu'à la seule vérité scientifique, à la méthode essentiellement critique et con-
tradictoire. Tous ces médecins travaillent sous la
direction du docteur Boissarie. Les bénis de Marie
viennent chercher refuge contre les enthousiastes
ardeurs des foules transportées. C'est là que les
malades viennent se faire examiner avant la des-
cente dans les piscines. Dans les deux salles suivan-
tes, sont les examens des guéris, les commissions
composées de 2 ou plusieurs membres, on y examine
les dossiers, on y étudie la réalité des changements
affirmés.

Ce travail préparatoire achevé, les médecins qui y
ont procédé introduisent le guéri dans la grande
salle, font le rapport de ce qu'ils ont constaté, et c'est
alors que s'ouvre la discussion générale et contradic-
toire ; les opinions sont exprimées avec grande
liberté ; les interrogatoires, les objections minutieuses
étant examinées, le docteur Boissarie contrôle le
procès-verbal de ses collègues.

Mort de Bernadette au Couvent de St-Gildard

Bernadette, qui avait une spéciale dévotion à
Saint Joseph, faisait, durant sa vie, chaque année,
une petite retraite de Prédilection dans une chapelle
au fond du jardin du couvent de St-Gildart, dédiée à
ce saint. Le 28 mars 1879, après sa retraite, l'avant-
veille du Dimanche de la Passion, Bernadette se
trouvant en grande souffrance et très faible, la
Révérende Mère Marie-Nathalie et les autres sœurs,
ainsi que le savant médecin qui lui donnait ses soins
et l'aumônier Lefebvre, tous pensèrent que Bernadette touchait à sa fin dernière, et on jugea bon de
lui administrer les derniers sacrements Après avoir
reçu l'extrême-onction, avant de recevoir le saint
Viatique, Bernadette se tourna vers la Révérende
Mère Générale. Adélaïde Dons, et lui dit : « Ma chère
Mère, je vous demande pardon de toutes les peines
que j'ai pu vous faire, par mes infidélités dans la vie
religieuse, et vous aussi, mes chères sœurs, je vous

demande également pardon de tous les mauvais exemples que je vous ai donnés. »

Mais le jugement des hommes se trompe souvent, ce qui arriva pour Bernadette. Ce fut seulement le commencement de sa longue agonie, et ce ne fut que le 16 avril 1879, vers 3 heures de l'après-midi, qu'elle mourut. Pendant sa maladie, le démon a tenté de la faire tomber dans le péché. A plusieurs reprises, on entendit Bernadette lui dire : « Va-t'en, Satan ! Va-t'en ? » Elle dit à M. l'Aumônier : « Le démon a tenté de m'effrayer mardi matin ; il a fait mine de se jeter sur moi, mais j'ai invoqué le saint nom de Jésus, et tout a disparu. »

Bernadette, pendant son agonie, avait engagé ses sœurs à prier pour elle. Quand elle s'entretenait avec Dieu de Jésus et de Marie, il semblait que ses yeux étaient illuminés d'un nouvel éclat, surtout à mesure que Bernadette sentait tomber le voile du corps qui la séparait de la vue de Dieu.

Enfin, comme on achevait les prières des agonisants, après avoir reçu l'absolution et l'indulgence plénière, *in articulo mortis*, toute ravie, par trois fois, elle dit : Oh ! oh ! oh ! puis levant les yeux au Ciel, elle s'écria : Sainte Mère de Dieu, priez pour moi, pauvre pécheresse. Sainte Marie, Mère de Dieu, priez pour moi, pauvre pécheresse. » Puis elle demanda à boire ; après avoir bu un peu, elle fit un grand signe de croix, et elle expira.

PORTRAIT

de M. PEYRAMALE, Curé de Lourdes, du temps de Bernadette... et sa mort

Monsieur Peyramale était un homme que la nature avait fait brusque, violent peut-être dans son amour du bien, et que la grâce avait adouci, tout en laissant deviner par instants l'arbre primitif, l'arbre rugueux, mais foncièrement bon, sur lequel la délicate et puissante main de Dieu avait greffé le chrétien et le prêtre. Zélé en chaire, sa parole était quelquefois dure. Elle poursuivait tout ce qui était mal, aucun désordre moral, aucun abus, d'où qu'il vînt, ne le trouvait indifférent ou faible. Souvent, ses paroissiens réprimés dans leurs vices, avaient jeté les hauts cris, mais il ne s'en était jamais ému ; car presque toujours, pour ne pas dire toujours, il sortait vainqueur de la lutte. Tout le monde lui pardonnait son indépendance de langage, tout le monde le saluait du doux nom de : « Bonjour, Monsieur le Curé. » Son costume était râpé, son tricorne usé ; tout son argent servait à secourir les malheureux. Cependant ce prêtre, si austère dans ses mœurs, si sévère dans ses doctrines, était d'une bonté de cœur inexprimable ; et il dépensait son patrimoine à faire le bien en cachette, autant qu'il le pouvait ; mais cette charité chrétienne et ce dévouement avaient parlé bien haut par le moyen de la reconnaissance des pauvres. Bientôt, connu partout, il devint l'objet de la vénération générale. Ce prêtre si bon, si affable pour tous ses paroissiens, unissait à un cœur d'apôtre, un bon sens de fermeté et un caractère que rien au monde ne pouvait faire fléchir quand il s'agissait de la vérité. Ainsi, si pour Bernadette il se montra rude, dès le principe, quand il crut qu'elle disait la vérité il fut son plus grand défenseur. Ainsi, voici sa réponse à M. le Préfet Massy, qui voulait faire mettre l'innocente Bernadette en prison : « Allez dire à M.

1. N.D. de la Salette.
2. N.D. du Rosaire.
3. Sacré-Cœur.
4. N.D. du Carmel.
5. N.D. des Victoires.

1. St Bertrand.
2. St François Xavier
3. St Jean-Évangéliste.
4. St Joachim.
5. Ste Anne.

1. Ste Germaine.
2. St François d'Assise
3. St Pierre Apôtre.
4. St Jean-Baptiste.
5. St Joseph.

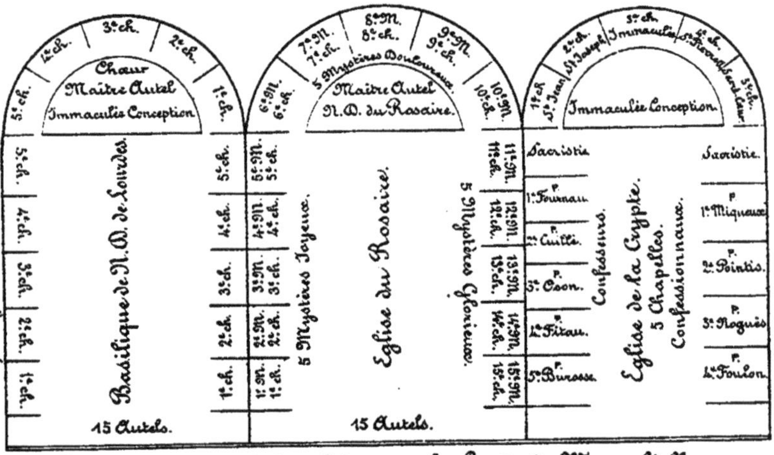

Basilique de N.D. de Lourdes.
Chœur — Maître Autel — Immaculée Conception
5e ch. · 4e ch. · 3e ch. · 2e ch. · 1e ch.
5e ch. · 4e ch. · 3e ch. · 2e ch. · 1e ch.
15 Autels.

Eglise du Rosaire.
Maître Autel — N.D. du Rosaire.
5 Mystères Douloureux : 6e M. 6e ch., 7e M. 7e ch., 8e M. 8e ch., 9e M. 9e ch., 10e M. 10e ch.
5 Mystères Joyeux : 1e M. 1e ch., 2e M. 2e ch., 3e M. 3e ch., 4e M. 4e ch., 5e M. 5e ch.
5 Mystères Glorieux : 11e M. 11e ch., 12e M. 12e ch., 13e M. 13e ch., 14e M. 14e ch., 15e M. 15e ch.
15 Autels.

Eglise de la Crypte. — 5 Chapelles.
Immaculée Conception
1e ch. St Jean · 2e ch. St Joseph · 3e ch. Immaculée · 4e ch. St François d'Assise · 5e ch. Sacré Cœur
Confesseurs. — Confessionnaux.
Sacristie. · 1e P. Fournau · 2e P. Cuillé · 3e P. Oson · 4e P. Fitau · 5e P. Burosse.
Sacristie. · 1e P. Miqueau · 2e P. Pointis · 3e P. Roguès · 4e P. Foulon.

Tableau des trois Eglises faites sur la Grotte de Massabielle.

le Préfet que ses gendarmes me trouveront sur le seuil de la porte de cette famille, et qu'ils auront à me renverser, à me passer sur le corps, à me fouler aux pieds, avant de toucher à un cheveu de la tête de cette petite fille. » Et préfet, police, tous furent vaincus, et Bernadette fut libre.

LASSERRE.

Enfin, ce digne prêtre, après avoir bien servi et aimé ses paroissiens, muni de tous les sacrements de l'Eglise, bien regretté de tout le monde, plein de mérites devant Dieu, mourut le 8 septembre 1877.

TABLE DES MATIÈRES

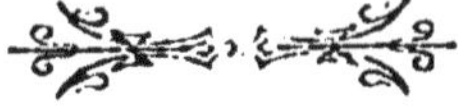

DAX. — Imprimerie H. LABÈQUE, 11, rue des Carmes. — DAX

9 782016 129616